I0820968

Felices como estoicos

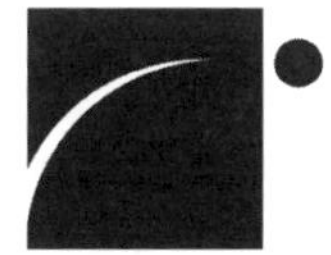

Séneca (4 a. C.-65 d.C.) fue un filósofo, político, orador y escritor romano conocido por sus obras de carácter moral. Hijo del orador Marco Anneo Séneca, fue tutor y consejero del emperador Nerón.

Marco Tulio Cicerón (106-43 a.C.) fue un jurista, político, filósofo, escritor y orador romano. Es considerado uno de los más grandes retóricos y estilistas de la prosa en latín de la República romana.

Epicteto (55-135 d.C.) fue un filósofo griego de la escuela estoica que vivió parte de su vida como esclavo en Roma. De sus enseñanzas se conserva *Manual de vida*.

Marco Aurelio (121-181 d.C.) fue emperador y filósofo romano. En su obra *Meditaciones*, reflexiona sobre cuestiones morales, inspiradas a su vez en su vida cotidiana.

Jorge Freire (Madrid, 1985) es filósofo y escritor. Autor de libros como *La banalidad del bien* o *Hazte quien eres*, obtuvo un destacado reconocimiento con *Agitación. Sobre el mal de la impaciencia*, que le valió el XI Premio Málaga de Ensayo. *El Cultural* lo ha definido como uno de los diez filósofos jóvenes cuyas reflexiones marcarán el pensamiento y los debates de las próximas décadas. Su última obra es *Los extrañados* (Libros del Asteroide).

Alejandro Viñuela se licenció en Bellas Artes y estudió Ilustración en la Escola Massana de Barcelona. Trabaja como diseñador gráfico, historietista e ilustrador para publicaciones como *Monocle Magazine*, *Daily Telegraph* y la revista *El Malpensante*.

Edición y prólogo de Jorge Freire
Ilustraciones de Alejandro Viñuela

Felices como estoicos

Rocaeditorial

Primera edición: noviembre de 2024

Printed in Spain – Impreso en España

ISBN: 978-84-10096-36-3
Depósito legal: B-16090-2024

Impreso en Gómez Aparicio, S.A.
Casarrubuelos, Madrid

RE 9 6 3 6 3

ÍNDICE

Prólogo
La mayor fortaleza posible

¿De qué hablamos cuando hablamos de estoicismo?

Conviene vivir atentos a lo que sucede a nuestro alrededor. Vivir atentos es vivir prevenidos, de manera que cuando una moda nos alcance podamos estar en guardia y echar mano al bolsillo para ver si la cartera sigue en su sitio. Ahora le ha tocado al estoicismo. Se oye hablar de esta filosofía milenaria en los lugares más insospechados. Elon Musk lanza tuits preconizando contención y el dominio de uno mismo como fórmula de éxito desde su milmillonaria red social. En los gimnasios, a más de uno se le aparece Séneca, como la Virgen en una cueva, cuando se le corta la respiración en la última pesa, la más difícil, la que exige de mayor dominio mental para seguir adelante. Innumerables pódcast y libros de divulgación reparten recetas estoicas con renglones numerados. Rutilantes youtubers predican la indiferencia desde sus tronos con ruedines y empresarios de Silicon Valley se proclaman discípulos de Zenón de Citio. Luis Enrique, exseleccionador nacional de fútbol, pregona en su canal de Twitch su fervor por la ataraxia, y el exitoso instructor de fitness Llados, célebre por su colección de Lamborghinis, erige su particular *stoa* en Miami.

El chiste se hace solo: ¿quién se imagina a Epicteto paseándose en descapotable por las calzadas romanas? Los mismos que, en principio, verían a Marco Aurelio jugando en el Barça como interior derecho. Y, sin embargo, quedarse en el pitorreo supondría no haber entendido nada. Vivir atentos, decíamos, es también requisito de comprensión y conocimiento.

Algo está pasando con el estoicismo y no tiene por qué ser necesariamente una mala noticia. ¿Por qué no hacer de la necesidad virtud y aprovecharlo para volver a Grecia y Roma? Sirva el viaje como excusa para alejarnos de la actualidad y del pitido sostenido de las primicias concatenadas. Para allanar el juicio y, de paso, sortear el deslumbramiento retórico y evitar interpretaciones triviales, no hay nada como acudir a las fuentes mismas, de las que aquí presentamos una variada selección.

No cuesta comprender la fascinación que aún hoy genera la figura del estoico, sobrada de referentes cinematográficos, con o sin péplum. Hablamos del tipo duro que afronta impasible los embates del destino, indiferente a los bienes y miserias que le depare el mundo. El estoico es fuerte, ecuánime ante la desgracia, según la definición de la RAE. Se diría que hablamos de una figura sobrehumana. Antes se la trataba como a un sabio, con la debida veneración. Ahora se confundiría con un corredor de triatlones.

¿Es el estoicismo una filosofía moral? Lo es, pero no solo. Más bien es un sistema complejo formado por tres ramas —ética, física y lógica—, sin por ello dejar de ser una corriente eminentemente práctica. El estoicismo defiende la posibilidad de alcanzar como seres racionales la felicidad (*eudaimonia*), entendida, en sentido griego, como paz interior (ataraxia) o ausencia de perturbaciones causadas por los deseos insatisfechos. El fin es lograr, mediante la templanza y el autocontrol, la eliminación y ausencia de cualquier pasión (*apatheia*) que provoque inquietudes en el ánimo. No está en nuestra mano controlar lo que pasa a nuestro alrededor, pero sí podemos controlar lo que pensamos sobre estos eventos. El método para alcanzar la ataraxia es mantenerse indiferente a las comodidades materiales y a la fortuna, bajo la asunción de que las cosas externas que tanto ansiamos, como la riqueza, la salud y el placer, no son buenas o malas en sí mismas (*adiaforia*), ni dependen de nosotros.

La libertad estoica consiste en adaptarse a la propia naturaleza e independizarse de su contingencia exterior para buscar la tranquilidad de espíritu y la felicidad. Los estoicos consideran que somos capaces de ser felices gracias a los principios de la razón (*logos*) y la virtud (*areté*), dentro de una concepción del mundo determinista, cuyos acontecimientos quedan fijados de antemano. ¿Y qué es la virtud? Sencillamente, aquello que es digno de elegirse por sí mismo. En la virtud está la perfección de cualquier cosa, ya sea intelectual o no, pues en ella se da el cumplimiento perfecto del ser acorde a su naturaleza concreta, idea que retomó Spinoza con su concepto de *conatus*, el esfuerzo de perseverar en el propio ser.

La física estoica se ocupa del conjunto de procesos que suceden en el universo, que articulan y organizan la relación con los diferentes seres. Todas las partes forman una belleza general y contribuyen a ella. La *physis* (que se traduce como «naturaleza») tiene poco que ver con lo que hoy entendemos por naturaleza. Es, más bien, el principio que unifica y da coherencia a todas las cosas, ejerciendo de plan vertebrador; una suerte de razón ínsita en todo lo vivo.

Existe, pues, una intención racional sobre el curso de los hechos, un orden que dicta la necesidad y el destino de las cosas. Este encadena los acontecimientos entre sí de acuerdo con una providencia (*pronoia*), que se debe entender como una divinidad filosófica, no antropomórfica.

Vivir conforme a la *physis* se torna obligación (*prohairesis*), pues lo contrario sería renegar de la razón y apostatar de lo específicamente humano. La física estoica tiene una finalidad ética, puesto que vivir conforme a una regla de vida virtuosa y armoniosa, coherente con uno mismo, es hacerlo de conformidad con la ley universal, con la naturaleza. Y la lógica estoica, que deriva de la física, cumple el papel de acompasar la realidad interna del ser humano con la realidad externa, presente e inmanente. El *logos* se presenta como lenguaje y como ejercicio de la razón. Lo específicamente racional es que se dé una equivalencia entre el *logos* general y el *logos* propio. Se debe sincronizar la estructura racional con la estructura del cosmos, cultivar una voluntad (*prohairesis*) que esté de acuerdo con la naturaleza, es decir, enseñarla a pensar con y en la naturaleza.

Como decíamos, el estoicismo tiene una concepción del mundo determinista: respondemos ante nuestro propio destino. Los estoicos no admiten más conocimientos que las realidades sensibles: nada hay más allá de la realidad. Se rechaza el esencialismo platónico, no existen las ideas innatas. Las sensaciones son la fuente y origen de todo proceso cognoscitivo. Nuestra mente es una *tabula rasa* en la que se imprimen las sensaciones, que generan ideas y juicios de valor. Así pues, no solo pensamos la realidad, sino que la juzgamos. El error común, que nos aleja de la felicidad o *eudaimonia*, nace de tomar por bueno o malo lo que resulta indiferente en la mayoría de los casos.

Fundado por Zenón de Citio rondando el 300 a.C., el estoicismo fue, desde sus orígenes, concebido como una filosofía de calle: una invitación a la acción pública y personal. A diferencia, por ejemplo, del jardín de los epicúreos —un lugar privado cuyo objetivo era el recogimiento—, el estoicismo nació en el corazón de la *polis*, en plena ágora de Atenas. Zenón y sus discípulos se reunían para departir en la *Stoa Poikile* (o Pórtico Pintado), una columnata decorada con escenas de batallas míticas e históricas. La mayoría de los filósofos enseñaban por amor al conocimiento, sin percibir retribución alguna. La *stoa* era una escuela abierta al público y entre sus asistentes, que eran numerosos, se llegó a contar Antígono II Gónatas, rey de Macedonia, que frecuentaba las lecciones de Zenón cuando estaba en Atenas.

Desde Zenón al último gran estoico, el emperador Marco Aurelio (121-180 d.C.), median cinco siglos y tres saltos de época en la escuela: la *stoa* antigua (Zenón, Cleantes y Crisipo), en la que la convivencia con otras corrientes, como cínicos, escépticos y epicúreos, disparó el desarrollo teórico del estoicismo; el estoicismo medio (Diógenes, Antípatro, Panecio y Posidonio), donde la doctrina se expandió con la cultura helenística por el Mediterráneo hasta alcanzar a las élites romanas. El último periodo, el estoicismo nuevo o estoicismo romano (Cicerón, Séneca, Epicteto y Marco Aurelio), se ubica entre el nacimiento del Imperio romano y el cénit de su esplendor, en los albores de la crisis del siglo III. Séneca escribió en latín, pero tanto Epicteto como Marco Aurelio escribieron en griego. El primero por ser su lengua natal y el segundo por considerarla la lengua madre de la filosofía.

Durante esta época, la corriente estoica ganó tal grado de respetabilidad en Roma que se incluyó en los planes de instrucción general, ya que la doctrina encontraba perfecto ajuste al espíritu republicano del momento al promover una vida sobria y sin excentricidades, además de ser una filosofía eminentemente práctica encaminada a la política. Contribuyó a su expansión la fama de seguidores como Catón el Viejo, Escipión el Africano y Catón el Joven, cuya muerte por suicidio legó a las generaciones futuras el ejemplo del perfecto estoico al negarse a vivir bajo la tiranía de César. Cicerón fue el primero en exponer la doctrina estoica en latín en *Sobre los deberes* y *Sobre los fines de lo bueno y de lo malo*.

Hablamos, pues, de una corriente abierta y sincrética, y para colmo dispersa en tiempo y ubicación. No fue una escuela cerrada como el epicureísmo, cuyas doctrinas quedaron dictadas por su fundador, Epicuro; venerado, además, como un santo pagano por sus seguidores. Por un lado, los discípulos estoicos desecharon la posibilidad de llamar a la escuela «zenonismo», a fin de evitar el culto a la persona. Por otro, cada autor contribuyó al desarrollo del estoicismo atendiendo al propio estilo y situación. El estoicismo fue una creación colectiva y al mismo tiempo, diríamos hoy, de autor. En una filosofía tan personal, en la que cada pensador imprime su sello y de la que, para colmo, apenas nos ha llegado algún fragmento de la primera y la segunda *stoa*, es casi imposible establecer un canon.

Sea como fuere, en los gustos del gran público suelen descollar tres nombres de la última *stoa* romana: Séneca, Epicteto y Marco Aurelio. Los textos que nos han llegado de estos autores se centran en exclusiva en la ética, temática más afín al lector contemporáneo por su vigor intacto; Séneca y Marco Aurelio, que no eran filósofos profesionales, dieron por resueltas la física y la lógica en el canon estoico. Epicteto (55-135 d.C.) sí trató en sus lecciones las tres ramas de la filosofía estoica, pero gran parte de su obra no ha llegado a nosotros.

Cada cual con sus circunstancias, concedamos el milagro de haber alcanzado a leer lo que aquí se nos ofrece. De excelsa cultura, Cicerón (106-43 a.C.) y Séneca (4 a.C.-65 d.C.) lograron la fama en vida con sus escritos. Más difícil lo pusieron los otros dos autores: Epicteto fue ágrafo, fundó una escuela propia y sus lecciones quedaron recogidas por el empeño de un devoto alumno, el historiador Flavio Arriano, como antes hiciera Jenofonte con Sócrates; y Marco Aurelio escribió sus *Meditaciones* en el frente, durante los diez años de guerra contra los germanos, a modo de diario personal y sin ánimo de verlas publicadas. El libro, cuya pista se perdió hasta el siglo x, cumple el prodigioso azar de haber atravesado los siglos en las manos adecuadas, asegurando así su transmisión.

Pero lo que en realidad cautiva de los estoicos es su estilo. La expresión original, casi íntima por momentos y perfectamente reconocible en cada autor, tiene en común un lenguaje limpio, conciso, también agudo. Un texto estoico es un renuevo de brotes verdes en medio del pedregal de la filosofía. Aparecen metáforas recurrentes y esclarecedoras: se habla del púgil, del teatro de la vida, de la marioneta, del espejo. En Séneca, por ejemplo, los silogismos son ágiles, abunda el fraseo y el estilo aforístico. Casi vemos asomarse el yo literario, un imposible en época clásica. Uno lee y comprende al instante, sintiéndose directamente interpelado, y hasta siente la tentación de colgarse el ribete de iniciado.

Estoicos anabolizados

A cualquiera le puede hacer tilín el estoicismo. Una interpretación un tanto obtusa de la cláusula del desapego puede dar alas al más trivial de los ánimos. «El pasado no se puede cambiar, el futuro no depende de mí»: el estoico se desentiende del futuro, ajeno a su influencia. La defensa de la acción en el aquí y el ahora —el *hic et nunc* ciceroniano— casa bien con estos tiempos de prisa e inmediatez, más dados, no obstante, al *carpe diem* que al *memento mori*.

El estoicismo insta a tomar el control de la propia vida y se diría que nada malo puede salir de ahí. Hablamos de una filosofía que promueve la serenidad, resistir ante los reveses del destino, separar el pensamiento de las acciones y recompensas externas, hablar menos, necesitar menos cosas, dominar placeres y pasiones, meditar, no sufrir por lo que no ha ocurrido, no perturbarnos por lo que no está en nuestro poder evitar. Si no hay solución, el problema deja de ser un problema. «Tú tienes poder sobre tu mente, no sobre los acontecimientos. Date cuenta de esto y encontrarás la fuerza», dijo Marco Aurelio.

Y así quedan dispuestos los ingredientes para la perfecta divulgación: son sentencias que funcionan bien sueltas (por ejemplo, serigrafiadas en tazas y camisetas), a modo de picoteo entre horas, como pildoritas de conocimiento, que alguno tomará por anabolizantes.

Las modas sapienciales nunca son inocuas. La tentación de alcanzar la ataraxia es grande, y alguno la reviste de terapia. Hay un tipo de estoicismo que promete ser una experiencia transformadora, como las dietas milagro; una promesa de felicidad inmediata en forma de caramelo envenenado que combina el aire de gravedad con la levedad aforística. ¡Éxito asegurado! Una filosofía que, tomada a retales, y vaciada de contexto y sistema, consigue ser lo que es: un perfecto producto posmoderno, homologable a filosofías orientales, al *mindfulness*, al CrossFit o al intercambio urgente de criptomonedas.

Así entendido, el estoicismo sirve como un modelo de triunfo autogestionado: una ética personal, basada en el temple y el dominio de sí al servicio de un mayor rendimiento, ya sea para afrontar un desamor, correr una *spartan race* o para terminar con residencia fiscal en Andorra. Se cita recurrentemente la frase de Marco Aurelio: «La felicidad de tu vida depende de la calidad de tus pensamientos». La responsabilidad de ser feliz recae por entero en el individuo, negando de modo taxativo la influencia de otros condicionantes genéticos, sociales, económicos, etc.

En este punto, la filosofía no es sino el disfraz de la ideología. Olvidémonos de la figura, antes tan en boga, del *emprendedor,* ya quemada por dos crisis económicas. Ahora el estoico debe ser un administrador no ya de la empresa, sino de sus propias capacidades. Toda vez que habíamos incorporado a nuestras vidas la jerga empresarial, de repente las emociones se «gestionan» y el neoestoico, ahora CEO de su propia existencia, despacha utilidades como celdas de Excel a fin de ser más competitivo, optimizar el tiempo libre, ser más flexible y resiliente ante la adversidad, y pugnar con templanza y serenidad por alcanzar la «mejor versión de sí mismo», como si fuese varias personas a la vez, enésimo desdoblamiento esquizofrénico de la identidad posmoderna.

Los nuevos gurúes explotan la vieja fórmula del vendedor de crecepelo sirviéndose de los aforismos y sentencias de los estoicos, apotegmas breves y efectivos que, sacados de contexto, pasan por soluciones mágicas. Predican la disciplina y la renuncia, citando a los maestros de la *stoa*. Para ellos no existen las vacaciones y los fines de semana, pues el trabajo está por encima de todo. Dan por hecho que quien se impone una agenda estajanovista termina viendo cómo el destino colma de bendiciones su cuenta corriente. ¿Qué habrían dicho los estoicos de esta curiosa superchería? Séneca, por ejemplo, sostenía en sus *Cartas a Lucilio* que el trabajo no era ni bueno ni malo. Lo virtuoso estribaba, a su juicio, en ocuparse de cosas honestas. ¿No hay grandeza en, pongamos, ser un buen camarero, por escuetos que sean sus honorarios?

¡Curioso estoicismo este, que confunde la firmeza de carácter con la dureza de rostro! Lo cierto es que si atendemos a los vídeos de algunos de estos *mentores* —en algunos nos enseñan cómo ganar nuestro primer millón de euros—, no es solo estoicismo lo que hallamos. En el cóctel de su filosofía motivacional se agitan hasta mezclarse ingredientes arcaicos, como las máximas de Epicteto, con elementos espurios y ajenos, como la delirante doctrina de la predestinación calvinista, según la cual el éxito terrenal es signo de la Gracia y promesa de salvación.

No son pocos los que toman a chacota a estos neoestoicos. La receta de su éxito consiste en añadir a los madrugones de órdago y a las duchas frías la lectura de Cicerón y Séneca. Tómenselo a broma quienes así lo deseen, pero la estampa, sin duda risible, es también reveladora. Pues en el dibujo también aparece bosquejada una generación ayuna de certidumbres, presta a lanzarse al primero que le ofrezca verdades firmes a las que agarrarse.

Este desatino es común en la historia del pensamiento. No se puede culpar a Epicteto, pongamos, de la necedad del que lo lee. Conviene restaurar significados: el objetivo será la felicidad, ciertamente, pero antes cabrá plantearse qué felicidad es esa. Asumiendo las bondades del autocontrol, si nos referimos a una felicidad en función de objetivos, groseramente pragmática, nada tendrá que ver con la felicidad estoica, la *eudaimonia*, en la que la virtud cobraba una importancia crítica.

Además, antes de dispensar admiraciones, conviene recordar que la figura del hombre imperturbable, del témpano de hielo, del óptimo en su cargo, coincide también en síntomas con psicopatologías varias (estadísticamente más presentes en cadenas de mando políticas y empresariales) ante las que no cabe ni mérito ni demérito, puesto que en ellas no funciona la racionalidad al uso, pero a las que, lejos de ser dignas de admiración, conviene tener bien lejos.

De este triunfador de marca estoica nace una estética en consonancia, aspiracional, muy cotizada entre sus seguidores. Es el paso del *yuppie* engominado de los años ochenta al tío con pantalón vaquero y jersey negro de cuello alto a lo Steve Jobs, un cruce entre Buda y un ladrón de chalets adosados. Esta variedad de éxito produce sentidos panegíricos en los que la *polis* es citada sin citarse: para el estoico el hombre se debe a su cometido y utilidad social, y de un enorme éxito habrá quien deduzca una virtud acorde; tal vez, incluso, una misión que cumplir, dejando asomar un determinismo volandero que cuesta de sustentar con coherencia. Así, el trabajo devoto da un leve salto providencialista, lo que ayuda a comprender la extraña epidemia de mesías que asola Silicon Valley, todos ellos multimillonarios.

Como es grato odiar a tales mercachifles, el denuesto del estoicismo se convierte en moda intelectual, tanto más acerba cuanto más intenso es el éxito popular de esta filosofía. De ahí que se recupere una vieja acusación, aquella que afirma que el estoicismo es una ética conformista pensada para los ricos, so pretexto de que Séneca era muy adinerado y de que Marco Aurelio era nada menos que emperador de Roma. Pasando por alto que Epicteto había sido esclavo, ¿tiene sentido despachar un sistema filosófico de esta manera? O, por decirlo con otras palabras: ¿hemos de convenir que el aristotelismo es una filosofía para instructores de reyes y el cinismo una ética para gente que vive en tinajas? ¿Es el kantismo la filosofía de la gente puntual y el spinozismo la de los pulidores de lentes? Yendo más allá, ¿acaso deben leer a Nietzsche solamente los sifilíticos y a Heidegger aquellos que acostumbran a pasear por el bosque vestidos de tiroleses?

Paradójicos son, cuando menos, esos manuales de *coaching* supuestamente estoicos que, abundando en croquis, diagramas y gráficas de colores, analizan lo vital con parámetros empresariales: debilidades, amenazas, fortalezas, oportunidades... ¡El análisis DAFO como guía existencial! Al cruzar el estoicismo con el marketing sale un monstruo de siete cabezas, y todas embisten. De un estoico cabría esperar el uso prudente de la palabra, la afinidad al sosiego, el silencio incluso, que son bondades incompatibles con el exhibicionismo y la palabrería de las redes sociales. «Conviértete en un estoico imparable», promete un vídeo muy popular, sin caer en la cuenta de que un estoico empezaría por parar un poco.

Cuando el estoicismo degenera en autoayuda, la virtud se trivializa. Y nunca la hemos necesitado más que hoy, habida cuenta de los vaivenes a los que nos vemos sometidos. No es desdeñable la promesa de verticalidad y autocontrol que nos hace el estoicismo. Aunque la teoría se haya vuelto *trendy*, la virtud no es una moda.

Aquí la réplica de los *estoiquers* neoliberales será coreada al unísono: ahí estaba Séneca, uno de los hombres más ricos de su tiempo, y qué decir del emperador Marco Aurelio, cúspide del Imperio romano en su máximo esplendor. Suyos fueron el poder y la gloria, de lo que convenientemente se deduce que es posible ser un sabio y estar tremendamente forrado. Pero la grandeza se gana y, de entrada, a ellos debemos el talento de haber escrito páginas extraordinarias acerca de la virtud y la naturaleza humana.

Para juzgar su escalafón de estoicos, insistimos, antes es necesario comprender la cosmovisión clásica, esto es, la estructura racional y providencial del universo, en la que la parte quedaba de natural supeditada al todo: el hombre al cosmos, el ciudadano a la *polis*. Aquí asoma un determinismo que hoy en día nos resultaría un tanto antipático, y del todo incompatible con la teoría liberal, que busca la mejor versión de uno mismo no por la virtud en sí, sino por el legítimo interés. Para el estoico, uno es lo que le toca ser: Epicteto fue vendido como esclavo de niño y Marco Aurelio terminó siendo emperador. Quien sea peón que se asuma como peón. Solo desde la íntima asunción del *fatum*, el papel asignado por el destino, se puede entender con precisión la indiferencia estoica por la fortuna y la desgracia.

Hubo que esperar al último Séneca, al más brillante, ya retirado de sus funciones políticas, y con la madurez necesaria para romper el corsé de la ortodoxia, para que reconociese el valor de la vida humana. Las *Meditaciones* de Marco Aurelio han sido veneradas a través de los siglos como el manual para el buen gobernante, pues en ellas se da la rara conjunción de la *auctoritas* y la *potestas*. Esta es la sabiduría que aún hoy reconocemos limpiamente, sin necesidad de mayores consideraciones teóricas. Pero leer fuera de su tiempo no siempre sale impune. Al dilema de si se puede ser virtuoso y comedido entre montañas de riqueza, se añade una reticencia quizá mayor: Séneca fue aquiescente con un Nerón y Marco Aurelio legó un Comodo en descendencia.

Una respuesta en tiempos de crisis

La historia no se repite, pero rima, dejó dicho Mark Twain. Lo mismo se puede decir del estoicismo como reclamo. Las escuelas helenísticas, entre ellas la estoica, nacieron de un mundo en crisis. Las campañas de Alejandro Magno habían ampliado las fronteras hasta el límite de la civilización y la cordura, dejando secuelas sin correlato histórico hasta la fecha: llevaron una civilización y se trajeron otra distinta de Oriente, exponiendo a las ciudades griegas al impacto de un choque cultural sobrevenido. Era el fin de la Época Clásica, y aunque la filosofía mantuvo su prestigio como ideal de conocimiento, se hacían necesarias nuevas respuestas.

Con la decadencia de las *polis*, declinó el ideal del *zoon politikon* aristotélico y los antiguos ciudadanos pasaron a ser súbditos de un nuevo territorio. En ese contexto de profunda desorientación, el hombre reclamó para sí la autonomía que antes había sido privilegio de la ciudad. Ahí nacieron dos respuestas fundamentales. El epicúreo se refugió en el ámbito privado, el jardín, y el estoico dio con la solución exacta en lo opuesto: desaparecida la frontera, lo que antes era un espacio acotado ahora se expandía hasta el último territorio. El concepto de bárbaro (el de lengua distinta) dejaba de tener sentido. Se creó un espacio ético-político nuevo, la *polis* del mundo: el cosmopolitismo. Y con él un nuevo ideal, la filantropía.

El ideal cosmopolita encontró reflejo en el lenguaje: desaparecieron los dialectos locales en detrimento de la *koiné* o lengua común, motor de la expansión de la cultura helenística por el Mediterráneo. La apertura encuentra resquicios insólitos, y prueba de ello es el ejemplo del propio Zenón, lo nunca visto antes: un fenicio honrado como un maestro de filosofía en el corazón de Atenas, hasta el punto de que, a su muerte, se ordenó que le fuese construido un sepulcro a expensas de la ciudad.

En este contexto de pérdida de referentes cardinales, la ontología y la metafísica, los grandes temas de la filosofía de Platón y Aristóteles, perdieron su carácter acuciante. El foco se puso en la persona y en el manejo de lo que le es más propio: la ética. El paso a la *praxis* hace definitiva la aspiración de alcanzar la felicidad personal, la *eudaimonia*. Así, el sabio deja de ser el que «sabe mucho» para convertirse en el que «sabe vivir bien». En el camino del conocimiento, la ética se sitúa en un primer plano, añadiendo un matiz que se antoja crucial: el camino a la virtud no corresponde, como en la Academia platónica, al iniciado. Ahora el camino hacia la felicidad queda en manos de cada uno.

Cinco siglos más tarde, Marco Aurelio vivió un mundo distinto al de los primeros estoicos, y sin embargo en él asomaban réplicas de similar tensión e impotencia. El emperador heredó un vastísimo imperio que ya daba señales explícitas de debilidad, asolado por la epidemia de la peste antonina que lastró economía y censo, y expuesto al asedio de los bárbaros en diferentes puntos de la frontera. Fue el fin del periodo canónico de esplendor, la *pax* romana. Las analogías son explícitas y no cuesta reconocerse en ellas.

«Eran otros tiempos», nos dirán los más filisteos. Pero ¿hace falta señalar que la emersión del estoicismo tuvo lugar en un clima de incertidumbre y desarreglo social y que, como el resto de las éticas helenísticas, trataba de ofrecer soluciones vigorosas a una población perpleja y atribulada? ¿Acaso no proliferan hoy todo tipo de ideologías, causas y banderías —«identidades», las llaman— a las que muchos, sintiendo que pierden pie, se aferran como cuerdas de salvamento? Confiábamos en la aldea global para volvernos ciudadanos del mundo, siguiendo el viejo ideal alejandrino, y al final vamos tan perdidos como un aldeano en la gran ciudad.

Y ahora volvamos al presente, tiempo de quiebros y de quiebra. Nos alcanzan miedos que ni recordábamos que existían. Desarmados de referentes, vivimos entre urgencias y ansiedades, y todo acontecimiento es recibido con pueril adanismo, prisa e inconstancia. Se diría que el cambio de milenio, tan redondo y expresivo, ha sido una concesión mnemotécnica para el estudio de las generaciones venideras, que se saben de carrerilla unos cuantos momentos de crisis, entre los que se cuentan guerras, recesiones y estados de excepción. La era digital nos hizo sentir la ligereza de haber descubierto el fuego y, de paso, que también quema. Lo impensable sucedía y las distopías se vendían como churros. Otra vez el miedo, la incertidumbre, la sensación de pérdida de control ante un mundo cada vez más irreconocible. Y, de nuevo, el estoicismo como solución.

Qué duda cabe: cualquier incitación a tomar las riendas de la propia vida se debe recibir con alegría, y casi diríamos alivio. Al tiempo que nos ha tocado vivir le sobran pretextos para el desasosiego, y por pretextos entendemos excusas. Es el mucho quejarse de quien poco conoce y compara, postura natural del que se toma a sí mismo por ombligo del mundo. Desprovisto de referentes, huérfano de las viejas certezas morales, el individuo posmoderno se siente muy libre para hacer lo que le dé la real gana, algo que suena muy de a tontas, muy de a locas, y que tiene más de mentecato que de verdadero. Nada peor que creerse las propias mentiras. Se habla continuamente de empoderamiento, de inteligencia emocional, de bienestar, de actitudes positivas, de crecimiento personal, de empatía y resiliencia... Y al final, resilientes todos, acabamos en el suelo al primer roce, como un delantero en el área.

Querer lo uno y lo contrario genera discordias en el ánimo. Y entre respingos es difícil vivir bien: vamos de la exclamación a la queja en una adolescencia entradita en canas que lo quiere todo y lo quiere ya. Esta insistencia deja su propio rastro morfológico: de tanto ansiar, ansiedad; y de tanta ansiedad, ansiolítico. Así las cosas, no vendría mal filtrar el arreón de necesidades cotidianas por el cedazo de la templanza y separar el grano de la paja, discriminando lo trivial de lo significativo. Y justo aquí tenemos una compilación de textos estoicos. Eso es ser afortunados.

¿Es el estoicismo, como dicen sus críticos, una postura acomodaticia, una filosofía de la resignación? Los viejos estoicos responden a la pregunta con un latinajo: *sustine et abstine* (soporta y renuncia).

Ante lo irremediable, no queda otra. Por supuesto, hoy la noción de destino nos resulta ajena; y, sin embargo, la actitud de quien soporta y renuncia, afianzándose en un juicio cabal y sostenido, nos parece subversiva.

Para los estoicos el cuidado de sí era un fin en sí. Entendido como soberanía y control sobre uno mismo, es fácil seguir aquí el rastro que lleva de Nietzsche a Michel Foucault, autor que estudió con atención la metodología estoica en *La hermenéutica del sujeto*. Para Séneca la virtud tiene una relación directa con el cuidado de sí, una suerte de estilo de vida que apuesta por la excelencia, la armonía y la virtud, vencedora al tiempo del capricho y el exceso. Es un modelo de formación y autoformación en permanente esfuerzo. La persona virtuosa, cuidadosa de sí, ha de recrearse sin perderse en el recreo. El cuidado de sí deviene regla moral, al servicio del ser y del actuar con uno mismo y con el otro. Actuar bien y en lo justo: una ética indistinguible del estatus de ciudadano.

Recordemos que el estoicismo fue concebido como una filosofía al servicio de la *polis*, compatible con ejercer el precepto del cuidado de sí (*epimeleia heautou*), luego traducido a los latinos como *cura sui*. En la educación romana se recomendaba fomentar el cuidado de sí como forma de preparación para la vida política, y además se animaba a hacerlo cuanto antes. La dualidad afloraba y a veces se hacía necesario abandonar la política para ocuparse de uno mismo, tópico frecuente en Marco Aurelio, que tomaba a la corte como «madrastra» y a la filosofía como «madre» a la que volver para recuperar el sosiego. Del mismo modo, Séneca

recomendaba el retiro a la vida rural, pues la naturaleza empuja al contacto con uno mismo.

Haríamos bien en tomar del estoicismo la noción del cuidado de sí, inseparable de la reflexión, la templanza y la ascesis. En el estoicismo «ascesis» no significa renuncia, sino dominio de sí. El objetivo de la ascesis no es prepararse para una realidad ulterior, como ocurre en la ascética cristiana, sino alcanzar una virtud que se refleja en la *praxis*, una ética. El silencio pasa a ser un método privilegiado de conocimiento, en detrimento del diálogo, base del conocimiento en la filosofía de Sócrates, Platón y Aristóteles. Dentro de las «tecnologías del yo» (en términos de Foucault) encontramos la comunicación epistolar con los amigos y la revelación del yo en anotaciones como las *Meditaciones* de Marco Aurelio.

En esa línea, el estoicismo actual ha adaptado las viejas metodologías a nuestro modo de vida. No cabe sorprenderse del resultado. Al *coaching* le van las listas y no pierde ocasión para la pauta. Enfocado como autoterapia, se promueven técnicas que van desde vestir con ropa que no te guste a someterse a pequeñas renuncias para encarar el límite de la resistencia física y mental: así se reviste de valor aquello que se tiene porque voluntariamente se ha perdido, una privación iniciática propia del primer mundo. Alimentarse, pongamos, de chuscos de pan duro durante tres días no contribuye tanto a la forja del carácter como a la forja de la silueta. Actitudes como esta responden a una tendencia muy contemporánea: hacer alarde en la excepción en vez de poner orden en la regla. ¿No sería más conveniente rebajar ínfulas y dar la batalla en la vida real, en el denostado campo de choque de lo cotidiano? El denuedo se consagra en las pequeñas cosas.

Nada bueno sacaremos de la hipérbole. Tampoco de experimentos que pidan sangre, sudor y lágrimas. Conviene no tomar por sobrehumano el ejemplo del estoico, quien, sometido a pruebas de entereza, permanece con la voluntad intacta. Una apuesta por la ataraxia será benéfica para cualquier persona y para cualquier edad. Basta con añadir un *casi* al «nada importa» de Séneca. Cuando los acontecimientos nos desbordan en catarata, distingamos aquello que nos incumbe de lo que no. Echarse encima lo impensable nos llena de causas, misiones y deberes, fuente inevitable de frustraciones. Promover una sana renuncia, dimitir de lo que en nada dependa de nosotros, es darse una oportunidad para ser feliz. Hablamos de una felicidad tranquila, segura de sí misma, que convierte la existencia en un lugar sereno y luminoso, sin cuartetos de cuerda ni luces estroboscópicas. Soltemos lastre. ¿Hay mayor desacato a la tiranía del «lo necesito» que invocar el desapego?

Celebremos la vuelta del estoicismo. ¿Cómo no hacerlo? Cada página de este libro parece escrita para nosotros, unas veces en forma de aldabonazo y otras como rapapolvo, pero siempre vigorizantes. Hay ejemplos que pesan toneladas, pero ayudan a levantar el vuelo. Abandonemos el porte agazapado, presa de melindres diminutos y apuntemos con la frente aún más alto, a aquello que el necio tomará por éxitos en no sé qué negocios en lugar de por lo que realmente es: ese afán de perfeccionamiento que llamamos virtud desde Homero. Al sabio lo que es del sabio, que es poco decir, porque en verdad poco necesita. Tomemos con gratitud el ejemplo que nos es dado. Estoico no será solo el que aguante impávido los reveses del destino: más aún, será el que sepa quitar el nombre de felicidad a tanto reclamo alborotado. En él admiramos la mayor fortaleza posible, no la del bíceps que se abomba cuando pasa una cámara, sino el juicio domado de quien sabe distinguir y, en efecto, distingue.

Cómo hacer frente a **la adversidad**

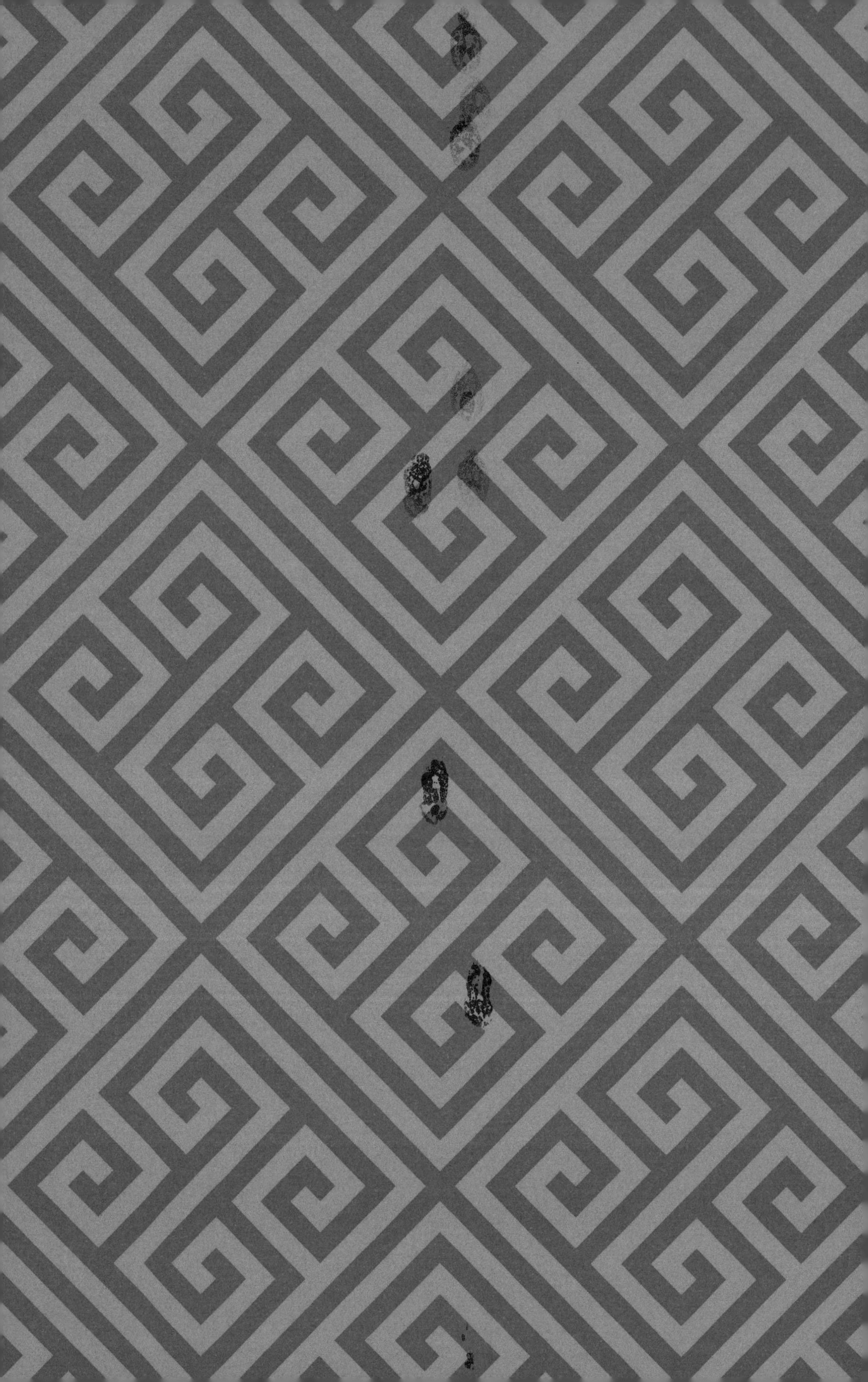

Sobre la fortaleza

Ya en el siglo v a.C. teorizaba Demócrito de Abdera, el último de los filósofos presocráticos, acerca de la *ataraxia,* que traducimos del griego como «ausencia de turbación». Fundamental en todo el pensamiento filosófico de la antigua Grecia y desarrollada posteriormente por epicúreos, estoicos y escépticos, esta disposición del ánimo permite a la persona lograr un equilibrio emocional y mental, y finalmente la felicidad, objetivo de estas tres corrientes filosóficas, mediante la fortaleza frente a la adversidad y el dominio de las pasiones y los deseos.

La *ataraxia* implica, pues, tranquilidad, serenidad e imperturbabilidad del alma, de la razón y de los sentimientos. Frente a las calamidades de la existencia, Epicuro afinaba más que los estoicos al traer a colación la *aponía,* es decir, «ausencia de dolor», de ahí que una condición *sine qua non* de la felicidad pasaba por evitar no solo el sufrimiento mental, sino también la zozobra corporal.

Como ya se ha dicho, el diccionario de la Real Academia Española define la voz «estoico» como «fuerte, ecuánime ante la desgracia». La desgracia parece, si nos atenemos a la definición de la RAE, uno de los pilares del estoicismo, junto a la fortaleza y la ecuanimidad. Según el acervo estoico, la providencia es inamovible. Ante la desgracia, no tiene sentido que experimentemos preocupación, angustia o frustración, pues no tiene remedio.

Sin control alguno sobre lo que acontece, el sabio solo presta oídos a cuanto depende de sí mismo: sus pensamientos y sus acciones. De este modo, ascender la montaña del perfeccionamiento moral no requiere modificar los acontecimientos, sino moldear nuestra actitud hacia ellos, adaptándola a los caprichos de la providencia. Una existencia plena de acontecimientos favorables no es lo que diferencia al sabio del necio, sino un estado del alma modulado en el dial de la razón y de lo natural.

El estoicismo proclama, sobre todo en sus magisterios tardíos de época romana, una suerte de exilio interior que permite encajar cada revés del destino y que, a falta de una palabra mejor, podríamos llamar resignación. En una frase harto manoseada, Epicteto (ss. I-II) defiende que nada que no provenga de nosotros mismos nos daña, pues lo que nos afecta es nuestra interpretación de las cosas. Sabía de lo que hablaba: a Epicteto lo vendieron como esclavo en su infancia y ni siquiera conocemos su nombre real, pues el nombre que hemos grabado en mármol es en realidad su apodo, que significa «adquirido».

Sabio es, en fin, aquel que, vueltos los ojos hacia sí mismo, halla la paz en su interior, porque la meta es conocerse, entender la propia naturaleza, acreciendo sus virtudes y aplacando sus vicios, a través de una labor diaria que persigue el ideal de la sabiduría.

Crisipo de Solos (s. III a.C.) subía la apuesta aduciendo que «el mayor de los bienes [consiste] en ser inquebrantable y firme en los juicios». Según Estobeo, doxógrafo neoplatónico de los siglos V-VI, para los estoicos primitivos solo la virtud es un bien, mientras que su opuesto, el vicio, es únicamente un mal, porque solo ambos tocan el alma. Entre uno y otra se hallan los indiferentes, ya sea la salud, la enfermedad, la fortuna o la pobreza. Indiferentes, que no igualmente deseables: es preferible la salud y la riqueza a la enfermedad o la miseria. Lo que viene a decir que al infortunio o a la ventura, esos dos impostores, hemos de tratarlos con la misma indiferencia, como siglos después recordaría Kipling en su célebre *If.*

CICERÓN

En efecto, cuanto de más baja condición se considere cada uno, con mayor celo intentará hacer olvidar con la seriedad de sus juicios sus humildes orígenes y se esforzará por mostrarse más bien digno de las decurias honorables que relegado por derecho a una vergonzosa.

Primera Filípica de Marco Tulio Cicerón contra Marco Antonio

Pero ¿por qué he de intentar conmoverte con mi discurso? Sin duda, si la muerte de G. César no puede conseguir que prefieras ser amado antes que temido, de ningún provecho será ni fuerza alguna tendrá el discurso de nadie. Quienes piensan que César fue dichoso son unos pobres infelices. Dichoso no lo es nadie que viva bajo una ley tal que pueda ser asesinado no solo impunemente, sino proporcionando la mayor de las glorias a su asesino. Por ello, déjate conmover, te lo suplico, ten presentes a tus antepasados y de tal modo gobierna la República que tus conciudadanos se alegren de que hayas nacido, sin lo cual nadie puede ser en modo alguno ni dichoso, ni ilustre, ni rico.

Primera Filípica de Marco Tulio Cicerón contra Marco Antonio

Ciertamente, muchas muestras tenéis ambos del parecer del pueblo romano, y me duele mucho que no os dejéis conmover suficientemente por ellas. Pues, en efecto, ¿qué significan en los juegos gladiatorios los gritos de innumerables ciudadanos?, ¿qué los versos mordaces del pueblo?, ¿qué los aplausos infinitos a la estatua de

Pompeyo?, ¿qué los dedicados a los dos tribunos de la plebe que se oponen a vosotros? ¿Es que todo esto no pone de manifiesto la voluntad increíblemente unánime de todo el pueblo romano sin excepción? ¿Qué? ¿Los aplausos de los juegos celebrados en honor de Apolo, o que más bien podríamos llamar testimonios y manifestaciones de la opinión del pueblo romano, no os parecen suficientemente significativos? ¡Dichosos aquellos que, cuando se les impidió por la fuerza de las armas participar de estos juegos, estaban pese a todo presentes y eran sentidos por el pueblo romano como adheridos a sus médulas y sus vísceras! A no ser que por casualidad pensaseis que era a Accio a quien se aplaudía y a quien se le daba la palma después de sesenta años, y no a Bruto, que de tal forma se vio privado de sus propios juegos que, en aquella celebración organizada con el mayor esplendor, el pueblo romano le manifestó su afecto en su ausencia, y con un aplauso y un griterío interminables calmó su ansia de tener a su lado a su libertador.

Primera Filípica de Marco Tulio Cicerón contra Marco Antonio

Así pues, recuerda, M. Antonio, el día en que suprimiste la magistratura de la dictadura. Pon ante tu vista la alegría que entonces sintieron el Senado y el pueblo de Roma. Compara aquello con el presente mercadeo con el que tú y los tuyos os enriquecéis, entonces comprenderás cuánta diferencia hay entre el lucro y la gloria. Sin embargo, del mismo modo que algunas personas debido a alguna enfermedad o a una cierta insensibilidad en sus sentidos no perciben el placer de los alimentos, así los incontinentes, los avaros, los miserables no aprecian la verdadera gloria. Pero si la gloria no puede empujarte a actuar rectamente, ¿tampoco el miedo puede impedirte cometer tan repugnantes actos? No temes a los tribunales: si ello se debe a tu inocencia, lo alabo; pero si es porque confías en tu fuerza, ¿no comprendes qué es lo que debe temer el que no teme, como tú, a los tribunales? Y si no temes ni a los hombres valerosos ni a los ilustres ciudadanos porque son alejados de ti por la fuerza de las armas, tus propios seguidores, créeme, no te soportarán largo tiempo. ¿Y qué clase de vida es temer día y noche a nuestros propios partidarios? A no ser que por casualidad tengas a estos obligados hacia ti por beneficios mayores que aquellos por los que César tenía obligados hacia él a sus asesinos; o que puedas compararte en algo a César. Este tenía grandes cualidades naturales, inteligencia, memoria, cultura, celo, prudencia, diligencia; había llevado a cabo grandes hazañas en la guerra, aunque funestas para la República. Durante muchos años había meditado cómo llegar a reinar, y a costa de grandes esfuerzos y de grandes peligros había conseguido lo que se había propuesto. Mediante juegos, monumentos, distribuciones de dinero y banquetes gratuitos se había atraído a la multitud ignorante. A los suyos se los había ganado mediante dádivas, a sus adversarios mediante una fingida clemencia. ¿Qué necesidad hay de continuar? Aprovechándose en parte de su miedo, en parte de su resignación, había conseguido imponer a una ciudad libre el hábito de la esclavitud. Puedo compararte con César en el ansia de alcanzar la tiranía, en todo lo demás no eres en modo alguno comparable a él. No obstante, entre todos los males que hizo sufrir César a la República algo bueno hay: el hecho de que el pueblo romano ha aprendido cuánto puede confiar en cada uno, a quiénes puede encomendarse y de quiénes debe precaverse. ¿No te das cuenta ni comprendes que los hombres valerosos han aprendido qué hermoso es por sí mismo, qué digno de agradecimiento por el beneficio que de ello se deriva y qué glorioso por la fama que proporciona el asesinato de un tirano? ¿O acaso, aunque los romanos no soportaron a César, han de soportarte a ti? En lo sucesivo, todos, créeme, rivalizarán por llevar a cabo la misma hazaña, y ni siquiera tendrán la paciencia de aguardar el momento propicio, que tanto tarda a veces en llegar.

Segunda Filípica de Marco Tulio Cicerón contra Marco Antonio

SÉNECA

¿Cómo es, pues? Escuchad ahora por qué razón no las cuento entre los bienes y qué hago yo con ellas diferente de vosotros, puesto que todos convenimos en que se deben tener. Ponme en una casa opulentísima; pon oro y plata cuyo uso sea indiferente y promiscuo: yo no me he de engreír por ello, que, si este tesoro está orilla de mí, está fuera de mí. Llévame al puente Sublicio y échame entre los pordioseros: no por eso he de tener a menos sentarme entre el número de los cuitados que tienden su mano a la limosna. ¿Qué importa el que falte un mendrugo de pan a quien no falta el poder morir? ¿Cómo se entiende eso? Prefiero la casa espléndida al puente. Ponme en medio de un ajuar resplandeciente y de un aderezo delicado; no me creeré más feliz por llevar un manto sedoso o porque mis comensales huellen alfombras de púrpura. Trueca mi cama; no seré más miserable si reclino mi cabeza cansada sobre un manojo de heno o si me tumbo en un colchón del circo que muestra su borra por los remiendos de una vieja tela. ¿Cómo se entiende, pues? Prefiero demostrar el ánimo que tengo vestido con pretexta o clámide que con las espaldas desnudas o mal cubiertas. Que todos los días secunden mis deseos y las nuevas felicitaciones se unan con las primeras; no por eso estaré satisfecho de mí. Cambia en sentido contrario esta indulgencia del tiempo; de acá para allá lleven asendereado mi espíritu por el daño y por el llanto y por asaltos diversos; y hora ninguna esté para mí exenta de queja; no por eso, entre las mayores miserias, me consideraré miserable ni por eso execraré día ninguno, porque yo he decidido que ningún día sea negro para mí. ¿Cómo se entiende, pues? Prefiero atemperar los goces a reprimir los sufrimientos. He aquí lo que te dirá aquel Sócrates famoso: «Hazme vencedor de todas las gentes; aquella muelle carroza de Baco lléveme en triunfo hasta Tebas desde las partidas donde nace el sol; pídanme leyes los reyes extraños: más que nunca pensaré que soy hombre entonces, cuando seré saludado dondequiera como dios. A tan sublime ascensión sígase una súbita mudanza que me precipite. Colocado sea en ajeno bayardo para realzar la pompa de un vencedor fiero y altanero: llevado en carroza ajena no me sentiré más abatido que cuando iba empinado encima de la mía. ¿Cómo se entiende, pues? Prefiero vencer a ser cautivo. Desdeñaré todo el imperio de la fortuna, pero de él, si se me da la opción, tomaré la mejoría. Todo lo que me llegare se me hará bueno, pero prefiero que me lleguen las cosas más fáciles y agradables y más cómodas al manejo. Mas no vayas a creer que exista virtud alguna sin trabajo; pero unas virtudes han menester de acicate, otras de freno. Así como un cuerpo ha de ser retenido en un declive y empujado en una subida, así determinadas virtudes caminan cuesta abajo y otras ganan la pendiente. ¿Es cosa dudosa, por ventura, que la paciencia, la fortaleza, la perseverancia y cualquier otra virtud que se opone a contrastes duros y ha de domar a la fortuna suben cuesta arriba, y combaten con esfuerzo denodado? ¿Qué más? ¿Acaso no está claro igualmente que la liberalidad, la templanza, la mansedumbre van cuesta abajo? En estas retenemos el alma, que no se deslice; en aquellas la exhortamos y la enardecemos con brío. En la pobreza, pues, emplearemos aquellas virtudes que, como son más fuertes, saben combatir; en la riqueza, aquellas más cautas y meticulosas que mantienen en suspenso el pie y sostienen su peso. Establecida esta división, prefiero tener que usar aquellas cuya práctica es más tranquila que aquellas otras cuyo ejercicio es sangre y sudor. No es, pues, dice el sabio, que yo viva de otra manera de como hablo, sino que vosotros lo oís de otra manera; no más que el sonido de las palabras llega a vuestros oídos; pero no buscáis su significación».

De la vida feliz, XXV

Así pues, el sabio sufre todas las cosas como el rigor del invierno, la destemplanza del cielo, como las fiebres y las enfermedades y los otros accidentes fortuitos. Ni de cualquiera juzga tan favorablemente que piense que obró por consejo de la razón, cosa que sucede en el sabio solamente. En todos los otros no hay consejos de la razón, sino fraudes, asechanzas e ímpetus de pasión desordenada que él cuenta entre los casos fortuitos; todo lo fortuito se ensaña fuera de nosotros y en los seres inferiores. Piensa también cuán anchuroso campo hay para la injuria en aquellas cosas en que estamos expuestos a peligro, verbigracia, un acusador instigado, unos cargos calumniosos, unos poderosos en contra nuestra irritados y todas las bellaquerías que se estilan entre gentes de toga. También es muy frecuente la injuria de sustraer la ganancia a otro, o un premio procurado con tenacidad, o una herencia captada con trabajo grande o se pierde el favor de una casa opulenta que te procuraba buenos logros. De todo esto se escapa el sabio, que no sabe vivir ni para la esperanza ni para el miedo. Añade a esto que ninguno recibe injuria sin alteración de ánimo, sino que cuando la siente se perturba; mas no siente esta perturbación el varón libre de errores, dueño de sí mismo, ensimismado en profunda y plácida quietud. Y, si la injuria le tocara, le movería y le inquietaría; mas el sabio carece del enojo que despierta la apariencia de injuria; y no podría carecer de enojo si no careciese de injuria que él sabe que no puede hacérsele. De ahí se sigue el mantenerse tan recio y alegre, exaltado por un gozo continuo. Y de tal manera no se doblega a las ofensas de las cosas y de los hombres, que la misma injuria le es útil para hacer experiencia de sí y poner su virtud a prueba. Acatemos, os ruego, con silencio respetuoso este intento y prestemos el alma aparejada y el oído atento a esta doctrina por la cual el sabio se exime de la injuria. No por eso se quita nada de vuestra arrogancia ni de la suma rapacidad de vuestras codicias, ni de la ciega temeridad de vuestra soberbia; dejando vuestros vicios en seguro, consigue el sabio esta liberación. No nos esforzamos para que a vosotros no os sea lícito hacerle injuria, sino porque él la lance al abismo y se defienda con su paciencia y con grandeza de alma. Así, en los juegos sagrados, la mayor parte de las victorias se han obtenido fatigando con obstinada paciencia las manos de quienes pegaban. Piensa tú que es el sabio del linaje de aquellos que con un ejercicio largo y constante consiguieron la fortaleza de resistir y fatigar toda la violencia del enemigo.

De la constancia del sabio, IX

Puesto que hemos recorrido toda la primera parte, pasemos a la segunda, donde haremos ver la inanidad del agravio con algunas razones propias y otras comunes. El agravio es menos que la injuria y de él más nos podemos quejar que vengarlo, puesto que las mismas leyes no le juzgaron digno de castigo. La pusilanimidad mueve esta pasión que se encoge por algún hecho o dicho deshonroso: «No me admitió hoy fulano, habiendo admitido a otros», o bien: «Torció el rostro a mis razones o en público se rio de ellas», y: «A la mesa no me colocó en medio, sino en un extremo», y otras cosas de alcance igual, las cuales ¿cómo las llamaré sino quisquillas de un ánimo agriado? En estas impertinencias no caen sino los delicados y los felices, pues no les queda tiempo para notarlas a los que tienen más activas preocupaciones. Los espíritus que de su natural son flacos y mujeriles y que con el demasiado ocio lozanean, como carecen de auténticas injurias, se alteran con estas, cuya mayor parte consiste en la culpa de quien las interpreta. Así que el que con el agravio se altera hace demostración de que no tiene pizca de prudencia ni de confianza, pues sin vacilación ninguna se conceptúa despreciado; y este remordimiento no se da más que en un espíritu ruin que se empequeñece y se rebaja. Mas el sabio de nadie es despreciado, puesto que conoce su grandeza y está convencido de que nadie tiene tal poder

sobre sí, y a todo eso que yo no llamaría miserias, sino molestias del alma, no solo lo vence pero ni lo siente siquiera. Otras cosas hay que hieren al sabio, aunque no le derriban, como el dolor corporal, la flaqueza de la salud o la pérdida de los amigos, de los hijos, o la calamidad de la patria abrasada de guerras. No niego que el sabio siente estas cosas, porque no le atribuimos la dureza de las piedras o del hierro. No existe virtud que no sienta la fuerza de los embates. ¿Cómo es, pues? Recibe algunos golpes, pero los vence, y los cura y los calma. Mas aquellas otras picadurillas no solo no las siente, sino que ni siquiera se vale de su acostumbrada virtud de resistirlas; no repara en ellas o las juzga por cosa de reír.

De la constancia del sabio, X

Por las cosas que me escribes y por las que oigo concibo de ti buenas esperanzas: no vas de un lado para otro ni te inquietas por mudar de lugares. Ese vaivén es propio de un espíritu enfermo: el primer indicio de un alma sosegada es, creo yo, que pueda afincarse en un lugar y habitar consigo misma. Atiende, pero que esta lectura de muchos autores y de volúmenes de todo género no tenga algo de vagaroso y de inestable. Es menester detenerse en ciertas mentalidades y nutrirse de ellas si quieres sacar algún provecho que arraigue fielmente en el alma. En ninguna parte está quien está en todas. A los que se pasan la vida en viajes les ocurre que tienen muchos albergues y ninguna morada. Forzosamente ha de acontecer esto mismo a todos aquellos que no entran en la familiaridad de ningún ingenio, sino que mariposean de uno en otro a toda prisa y livianamente. No se aprovecha ni se asimila el manjar que inmediatamente después de tomado se expele. Nada hay que estorbe tanto el restablecimiento de la salud como el cambio frecuente de remedios; no llega a cicatrizarse la herida en la cual solo se ensayan los medicamentos; no medra la planta que muda con frecuencia; ninguna cosa hay tan útil que, de pasada, aproveche. Disipa el espíritu la multitud de libros; así que, no pudiendo leer todo lo que tuvieres, te basta con que tengas todo lo que puedas leer. «Pero a mí, me dices, ahora se me antoja hojear este volumen, ahora aquel». Propio de un estómago inapetente es hacer cala y cata de muchos manjares que, siendo varios y aun opuestos, empachan y no alimentan. Lee, pues, siempre autores aprobados, y si alguna vez te viene en talante hacer en otros alguna diversión, no dejes de tornar a los primeros. Adquiere cada día alguna defensa contra la pobreza, alguna precaución contra la muerte, no menos que contra todas las restantes calamidades; y, luego que hubieres pasado por encima de muchos conceptos, escoge uno solo para digerirlo durante todo aquel día. Yo hago esto mismo; de los muchos que leí retengo alguno. El de hoy es este que espigué en Epicuro, pues me agrada pasar al campo enemigo, no como tránsfuga, sino como explorador. Cosa honesta es —dice— la pobreza alegre. Pero la pobreza ya no es pobreza si es alegre. No el que tiene poco, sino el que codicia más, este es el pobre. Porque ¿qué importa lo que atesoró en el arcón, lo que ensiló en los alholíes; cuántos rebaños apacienta, cuántos réditos percibe, si se perece por lo ajeno, si no cuenta lo adquirido, sino lo por adquirir? Me preguntas cuál sea la tasa de las riquezas. Primeramente, tener lo necesario; luego, tener lo suficiente. Ten salud.

Cartas a Lucilio, Carta II, De los viajes y de las lecturas

Te decía hace poco que yo me hallaba en los arrabales de la senectud; ahora ya me temo no haberla dejado atrás. Otra es la palabra que conviene a mis años y sin duda alguna a mi cuerpo, porque senectud es el nombre de la edad cansada, no de la edad quebrantada: cuéntame entre los decrépitos y los que frisan en sus postrimerías. Pero, con todo, yo me felicito de ello ante ti: no siento en mi espíritu la mella de la edad, dado que la sienta en el cuerpo. Solo envejecieron en mí los vicios y los órganos de los vicios; el alma está en todo su vigor y se goza de no tener demasiados tratos con el cuerpo; por fin dejó una buena parte de su cargamento. Se alboroza y me desmiente mi presunta senectud; donosamente me dice que aquella es su flor y su verdura. Démosle crédito; dejémosle gozar de su bien. Ella me manda avivar el seso y entrar en reflexión y dilucidar qué parte de esta tranquilidad y suavidad de costumbres debo a la sabiduría y qué parte a la edad, y examinar con diligencia qué es lo que no puedo hacer y qué no quiero hacer de provechoso a la hora de emprender el viaje. Por otra parte, si alguna cosa no quiero, me gozo de no poderlo hacer; pues ¿qué queja, qué incomodidad hay en que se haya desmedrado todo lo que debía acabar? «¿Es una lástima grande —dices— disminuir y agotarse, o, para hablar más propiamente, derretirse? Pues no recibimos súbitamente el empujón que nos derriba; nos marchitamos y nos quitan algo cada uno de los días». ¿Y qué salida hay mejor que ir resbalando hasta el fin por el suave deslizadero que nos brinda la naturaleza? No que sea algo malo el golpe que corta la vida de súbito, sino que el ir declinando insensiblemente es vereda más suave. Yo, por cierto, como si ya estuviese próxima la prueba y a punto de llegar aquel día en que se ha de pronunciar sentencia de todos mis años, me examino y me hablo así: «No es nada aún aquello de que hemos dado prueba con actos o con palabras. Livianas son y falaces prendas del espíritu, envueltas en muchos engaños lisonjeros; acerca de mi aprovechamiento, he de fiarme de la muerte, que dirá la última palabra. Así es que sin miedo ninguno me voy preparando para aquel día en que habré de juzgar de mí mismo sin afeites ni adobíos, digo palabras de valor o si las siento y si eran simulación y comedia todas las cosas recias que dije contra la fortuna. No hagas caudal de la opinión de los hombres; es dudosa siempre y bifurcada. No hagas caso de los estudios a que consagraste la totalidad de la vida; será la muerte quien dará juicio de ti. Te digo con toda seguridad que ni las discusiones filosóficas ni las conversaciones literarias ni las sentencias espigadas en los preceptos de los sabios ni la disertación culta no demuestran la auténtica fortaleza del espíritu; porque la palabra es audaz aun en los más tímidos. Lo que hubieres hecho mostrarse ha, cuando rendirás el espíritu. Acepto el emplazamiento; no me espanta el juicio». Esto hablo conmigo, pero pienso que lo hablo contigo también. Eres más joven, pero ¿qué importa? Los años no cuentan. Incierto es el lugar donde te espera la muerte; espérala, pues, tú en todas partes. Ya quería terminar y mi mano iba a cerrar la carta, pero hay que observar el rito y hay que dar peaje a la carta para que haga su camino. Figúrate que no te digo de dónde voy a tomar el préstamo; pero tú ya sabes de quién es el arca a que acudo. Aguárdame un poco y te pagaré con caudal mío; mientras tanto nos lo prestará Epicuro, que dice: «Medita la muerte». O si te parece mejor esta expresión: «Medita el tránsito a los dioses». El sentido es obvio: es cosa egregia aprender de morir. Acaso se antoja superfluo aprender un arte que solo ha de practicarse una vez. Precisamente por esto hemos de meditarla, porque siempre hay que aprender aquello que no podemos experimentar si la sabemos. ¡Medita la muerte! Quien esto nos dice nos dice que meditemos la libertad. Quien aprende de vivir desaprende de servir; se encarama por encima de todo poder; al menos, fuera de todo poder. ¿Qué le hacen a él la cárcel, las guardas, el encerramiento? Tiene libre la puerta. Una sola es la cadena que nos tiene atados, el amor de la vida, el cual, aunque no tenga que echarse, se ha de rebajar a tal punto que si alguna vez se impone la exigencia, no nos detenga nada ni nada nos impida estar dispuestos a hacer en el acto lo que habría que hacer más pronto o más tarde. Ten salud.

Cartas a Lucilio, Carta XXVI, Elogio de la ancianidad

EPICTETO

Recuerda, pues, que si tienes por libres cosas que por naturaleza son esclavas, y por propias las ajenas, te verás impedido, llorarás, te inquietarás, te quejarás de los dioses y de los hombres. Pero si crees tuyo solamente lo que es tuyo, y ajeno lo que es ajeno, nadie te apremiará jamás, nadie te pondrá estorbos, no te quejarás de nadie, a nadie acusarás, no harás nada por la fuerza, nadie te causará daño, no tendrás enemigos ni padecerás calamidad alguna.

Manual de vida, 3

No quieras que las cosas que suceden sucedan según tu voluntad y gusto. Por el contrario, conténtate con que sucedan tal como lo hacen, así obrarás rectamente. La enfermedad es impedimento del cuerpo, pero no de la voluntad si esta no lo quiere así. La cojera es impedimento de las piernas, pero no de la voluntad. Si discurres de esta forma sobre las otras cosas que suceden, hallarás que son impedimento de otro, pero no tuyo.

Manual de vida, 13

En cualquier cosa que te suceda, entra en ti mismo y acuérdate de examinar qué poder tienes para servirte de ella. Si ves a una mujer hermosa, llamarás en auxilio a la virtud de la continencia. Si se te presenta el trabajo, hallarás la de la fortaleza. Si te maltratan, hallarás la de la paciencia. Acostumbrándote así, no se apoderarán de ti las apariencias.

Manual de vida, 14

Dueño de alguien es aquel que puede otorgar o quitar todo aquello de lo que ese alguien pretende o rehúye. Quien desee, pues, ser libre que no anhele ni deseche nada que esté en poder ajeno. De lo contrario tendrá que esclavizarse.

Manual de vida, 20

Acuérdate de que no es quien injuria o hiere el autor de la ofensa, sino la opinión del que considera estas cosas ofensivas. Cuando alguno, pues, te irrite, has de saber que solo es tu juicio el que se irrita, y debes cuidar mucho de no dejarte arrastrar por él, pues, si logras alguna detención o calma, más fácilmente serás dueño de ti.

Manual de vida, 27

Cuando alguno te maltrate de obra o palabra, piensa que ese pensó que debía hacer y hablar así porque se creía con derecho, y que no era factible que siguiera tu dictamen, sino el suyo. Si juzgó mal, se hizo el daño al haber sido objeto del engaño. Porque, si uno juzga a partir de las falsas apariencias, no es el juicio lo que se daña, solo lo es el hombre que se engañó por no discernirlas.

Manual de vida, 64

MARCO AURELIO

De mi padre,[1] la mansedumbre, pero también la firmeza inalterable en las resoluciones tomadas con madurez; la indiferencia respecto a las vanas apariencias de gloria; el amor a los negocios con perseverancia; la atención para prestar oídos a los que son capaces de proponer algún proyecto de utilidad pública; el distribuir a cada uno, inflexiblemente, según su mérito; la habilidad en discernir cuándo hay necesidad de un esfuerzo persistente o de un aflojamiento; la renunciación a la familiaridad con los mancebos; la jovialidad con todos; la libertad concedida a los amigos para que no asistieran siempre a sus convites ni le acompañaran necesariamente en los viajes, encontrándole, antes bien, siempre ecuánime cuando alguien por alguna precisión le hubiese dejado algún tiempo; el afán y la constancia en examinar minuciosamente los asuntos sin renunciar a una cabal investigación, satisfecho con una información superficial; el cuidado en conservar a los amigos sin mostrárseles fastidiado ni excesivamente apasionado; el arte de bastarse a sí mismo en todo, manteniendo la serenidad; la atención en prever de lejos y en ajustar muy de antemano todos los pormenores sin alboroto; la represión de las

1. No se refiere a su padre biológico Annio Vero, sino al emperador Antonino Pío, su padre adoptivo. *(N. del E.)*.

aclamaciones y de todo género de lisonja hacia su persona; la vigilancia constante sobre los grandes intereses del Estado; la administración con cuenta y razón de los impuestos públicos, y la tolerancia con las murmuraciones que en este particular le zaherían; ningún temor supersticioso en el culto a los dioses; respecto a los hombres, ninguna bajeza para granjearse la popularidad, mostrándose demasiado obsequioso o demasiado amigo del populacho; antes bien, sobriedad en todo, conducta constante, experiencia del vivir decoroso sin deseo de novedades; el uso de los bienes que contribuyen al regalo de la vida —y de ellos habíale colmado la Fortuna— a la vez sin fausto y sin excusas, de suerte que sin rebozo los gozaba, en viniéndole a las manos, y no los echaba de menos cuando le faltaban.

Nadie había podido tacharle de charlatán, de adulador, de pedante; al contrario, todo el mundo reconocía en él a un hombre maduro, consumado, inaccesible a la adulación, capaz de dirigir los negocios ajenos, sin olvidar los propios. Además, el respeto con que trataba a los que se daban de veras al ejercicio de la filosofía; en cuanto a los que lo fingían, sin dirigirles reproche alguno, no se dejaba embaucar por ellos; a más de esto, su plática afable y encantadora, sin llegar a la hartura; la diligencia con que cuidaba razonablemente la compostura de su cuerpo, pero no como quien ama en demasía la vida, sin refinamiento y tampoco sin negligencia: así, gracias al cuidado de su persona, no tuvo casi nunca necesidad de recurrir a la medicina ni a los medicamentos de uso interno o externo; sobre todo, su complacencia, exenta de envidia, en los hombres excelentes en alguna facultad, por ejemplo, la elocuencia, la jurisprudencia, la ética o bien otra ciencia; la ayuda que les prestaba para que consiguiera cada uno los honores que merecía a tenor de sus particulares profesiones; teniendo siempre a la vista la disciplina de los antepasados, pero sin hacer de ello alarde, amoldarse a dichas costumbres.

No era de los que propenden a desplazarse o a desasosegarse, sino que gustaba de permanecer largo tiempo en los mismos sitios y quehaceres; al cesar los violentos ataques de sus dolores de cabeza, entregábase pronto, rejuvenecido y vigoroso, a sus tareas habituales; no hacía muchos misterios, sino escasos, de tarde en tarde, y solo sobre asuntos de Estado; su conducta era razonable y mesurada en la celebración de fiestas, en la construcción de edificios, en las distribuciones al pueblo y en otros casos análogos, como cuadra al hombre solo gobernado por las reglas del deber y no por el aura de la gloria popular; ni baños a deshora; ni afición apasionada por edificar; ni primor en la comida, ni en los tejidos y pliegues del vestido, ni en el brillante aspecto de sus pajes. La holgura que le procuraba la vida oficial en Lorio permitíale desplazarse a una quinta vecina, algo más abajo, y las más veces a las que poseía en Lanuvio; librábase en tales ocasiones de todo aparato ceremonioso, si bien solía disculparse de tanta libertad, como hizo con un publicano, en Túsculo, que le ofrecía sus servicios. Esta era habitualmente su manera de vivir; nadie le vio altanero, ni malhumorado, ni duro, hasta el punto de que se pudiera decir de él: ¡No más, cómo suda!, sino que siempre sus planes estaban meditados exactamente, despacio, sin turbación ni desorden, sólidamente, concertadamente. Se le podría con razón aplicar lo que se cuenta de Sócrates: que sabía abstenerse y disfrutar de aquellos bienes, cuya carencia hace infelices a los más de los hombres mientras se entregan a su goce sin templanza. Su fuerza, en fin, y su resistencia, y el equilibrio en uno y otro caso, son propios de un hombre que posee un espíritu bien templado, invicto, como lo probara en la enfermedad que le llevó al sepulcro.

Meditaciones, Libro I

Las obras de los dioses se presentan rebosantes de una providencia; las de la Fortuna, no dejan de depender de la misma naturaleza o de una trama y concatenación de los acontecimientos regidos por la providencia. Todo dimana de ella. Además, cuanto acontece es necesario y contribuye a la utilidad común del universo, del cual tú eres una parte. A más de esto, para cada una de las partes de la naturaleza, el bien es lo que lleva consigo la condición de la naturaleza universal y lo que se ordena a su conservación. Y el mundo se conserva, sea por la transformación de los cuerpos mixtos, sea por la de los elementos. Bástente estos pensamientos como principios perpetuos. En cuanto a tu sed de lectura, deséchala, para poder morir, no refunfuñando, sino realmente resignado y con el corazón reconocido a los dioses.

Meditaciones, Libro II

Conforma siempre tus acciones, palabras y pensamientos a la idea de que puedes salir a cada instante de la vida; por más que, si hay dioses, despedirse de los hombres nada quiere decir, pues estos no sabrían hundirte en la desgracia. Y si no los hay, o bien si no se cuidan de las cosas humanas, ¿a qué vivir en un mundo vacío de dioses o falto de providencia? Pero la verdad es que ellos existen y miran por las cosas humanas y, a fin de que no venga el hombre a incurrir en los verdaderos males, es a él mismo a quien han conferido plena autoridad. Si algo, fuera de estos males, nos fuera nocivo, hubiésense ellos desvelado para que cada uno de nosotros pudiera preservarse de ello. Pero, lo que no empeora al hombre, ¿cómo podría empeorarle la vida? La naturaleza universal no hubiera dejado de proveer para este mal ni por ignorancia ni de propósito, como sin arbitrio para precaverlo o corregirlo; ni por impotencia ni por incapacidad hubiera cometido ella el grave delito de repartir los bienes en la misma medida que los males, a los buenos y a los malos, indistintamente. Pero la muerte y la vida, la gloria y la oscuridad, el dolor y el placer, la riqueza y la pobreza, todo está repartido en la misma medida, a los hombres buenos y a los malos, sin ser por ello ni cosas honestas ni torpes; luego, en rigor, no son ni bienes ni males verdaderos.

Meditaciones, Libro II

Haz por semejarte al peñasco batido sin cesar por las olas: permanece inmóvil y a su alrededor desmaya la efervescencia de las aguas. «¡Infeliz de mí, dice uno, porque tal cosa me aconteció!». No, al contrario: «Dichoso yo, porque habiéndome ocurrido esto, continúo sin pena alguna, ni quebrantado por lo presente ni amedrentado por lo venidero. Una semejante desgracia hubiera podido ocurrir a cualquier otro; y este no hubiera sabido continuar, como yo, sin apenarse». ¿Y por qué será la adversidad un infortunio más bien que una ventura? ¿Es que llamas infortunio del hombre lo que no se desvía de la intención de la naturaleza humana? ¿Y te parece por ventura desvío de la naturaleza humana lo que no se opone a los designios de la misma naturaleza? ¿Cómo? Conoces ya estos designios. Entonces, lo que te ocurre ¿te impide ser justo, magnánimo, cuerdo, sensato, prudente, leal, circunspecto, libre y que poseas las demás virtudes que, reunidas, constituyen la característica de la naturaleza

humana? Acuérdate, en suma, de usar de este principio ante cualquier accidente capaz de contristarte: esta adversidad no es un infortunio, más soportarlo noblemente es una suerte.

Meditaciones, Libro IV

Los principios de la filosofía viven. ¿De qué modo podrían morir, a no ser que se amortigüen las ideas que les corresponden? Y de ti depende el avivarlas sin cesar. Yo puedo formarme, sobre este y aquel asunto, la opinión debida. Y si puedo, ¿por qué me turbo? Lo que pasa fuera de mi mente nada tiene que ver con ella. Mantente en esta disposición y hete ahí en el recto camino.

Tienes en tu mano el revivir. Mira de nuevo las cosas con los mismos ojos con que antes las has visto, que en esto consiste el revivir.

Meditaciones, Libro VII

El dolor es pernicioso, sea para el cuerpo —¡y en este caso que él se queje!—, sea para el alma. Pero esta tiene en su mano el mantener su serenidad y su calma y no opinar que el dolor sea un mal; porque todo juicio, afecto, apetito y aversión está en nuestro interior, adonde nada más penetra.

Meditaciones, Libro VIII

El libre albedrío de mi prójimo es igualmente indiferente a mi libre albedrío como su soplo y su carne. Puesto que, aunque en realidad los unos nacimos para los otros, la recta razón de cada uno posee su propia independencia; de no ser así, la maldad del prójimo vendría a ser un mal para mí. Pero Dios no lo ha decretado de este modo, porque, de lo contrario, estaría en manos de otro el que yo fuese desgraciado.

Meditaciones, Libro VIII

Conviene no perder de vista estos tres puntos: primero, que cuanto pusieres por obra, no lo hagas temerariamente ni de otra manera que como lo haría la misma justicia; en lo que mira a los acontecimientos externos, persuádete, bien sucedan al azar, bien por providencia, que no debes por esto vituperar la fortuna ni culpar a la providencia. Lo segundo, que reflexiones cuál es el individuo desde su concepción hasta que el hálito lo anima y desde la animación hasta el momento en que deba restituir el alma; de qué elemento se compone y en cuáles se disolverá. Lo tercero que, si de pronto levantado en alto considerares desde arriba lo que son las cosas humanas y su diversidad, ¡cómo las despreciarías al abarcar de un solo golpe de vista el inmenso espacio que por todas partes habitan vivientes aéreos y etéreos! Y, por más veces que te remontases, verías al fin las mismas escenas, su mismo aspecto, su breve duración. ¡Y en esto fundas tu vanidad!

Meditaciones, Libro XII

Conviene constantemente recordar aquellos que por una causa u otra se encolerizaron excesivamente, los que han alcanzado la cumbre de los honores, de la desgracia, del odio o de las suertes más dispares; reflexiona después ¿qué queda ahora de todo esto? Humo, ceniza, fábula, o quizá ni fábula. Represéntate asimismo los casos análogos, cuál fue Fabio Catulino en su quinta, Lucio Lupo en sus jardines, Esternino en Bayas, Tiberio en Capri, Velio Rufo y, en suma, todos los que quisieron distinguirse en cualquier cosa, con una vana presunción de sí mismos; qué mezquino era todo lo que les traía fuera de sí; cuánto es más conforme con la sabiduría el que uno, cuando se le ofrezca, se muestre justo, templado, dócil a los dioses, a cara descubierta; pues no hay nada tan insoportable como el orgullo insolente bajo capa de modestia.

Meditaciones, Libro XII

La difícil tarea de **conocerse a uno mismo**

Sobre el autoconocimiento

Para los estoicos, la filosofía es la práctica de la virtud, necesaria para vivir una vida acorde a la razón y edificada sobre los pilares de la lógica, la física y la ética, que forman parte de un *logos* o sistema filosófico. El atributo más alto de la virtud es su condición de utilidad. Aunque la virtud es un bien *per se* que se justifica en sí mismo, podemos considerarlo un desperdicio si no sirve a un propósito noble. A diferencia de lo que predicaban los epicúreos, el hombre virtuoso, si no es útil a la sociedad, de nada sirve.

Entre estos ideales conformadores de la virtud —lógica, física y ética—, los estoicos entendían la ética como el fundamento principal del conocimiento. La racionalidad es lo específicamente humano, y solo a través de la razón el sabio logra una comprensión clara de las cosas. La certeza y el conocimiento de la verdad se alcanzan solo mediante la verificación de las convicciones del sabio con sus pares y con el juicio colectivo de la humanidad.

De este modo, la verdad puede diferenciarse de la falacia, aunque en la práctica apenas se tenga una noción aproximada de lo verdadero. Según el corpus estoico, los sentidos reciben, a través de los objetos externos, sensaciones que llegan hasta la mente, donde dejan una impresión en la imaginación (*phantasiai*). Y hasta ahí llegan, pues el estoicismo no consiente conocimiento más allá de las realidades sensibles, en tanto que la mente humana es una *tabula rasa*, un lienzo en blanco. Si no tenemos en cuenta la teoría platónica de las esencias —el conocimiento innato de las cosas—, nuestro juicio depende únicamente de las sensaciones.

Por eso la mente puede engañarnos: una impresión que emerge de la mente (*phantasma*) puede ser verdadera o falsa. Para los estoicos, no se ha de dar crédito a todos los estímulos sensoriales; únicamente merecen nuestra atención aquellas percepciones con alguna marca especial, denominada «percepción comprensible», que es exclusiva del objeto observado y que ningún otro puede reproducir.

¿Qué son el conocimiento y la ignorancia? Meros estados del alma que se concretan en los juicios de valor que aplicamos al mundo. Desde la perspectiva cognitiva, tanto el sabio como el necio pueden elaborar juicios verdaderos, pero solo el primero está en la verdad —vehículo de la felicidad humana—, mientras que en el mejor de los casos el segundo está de paso, y por casualidad, en lo verdadero.

Para el estoicismo, el mundo no admite dobleces: las cosas son lo que son y no cabe subjetividad alguna en un universo inmanente que no tiene objetivo. La verdad es una, y cualquier otra versión de la realidad es necesariamente falsa. ¡Y, sin embargo, alcanzar la verdad es casi imposible! Ni siquiera el conocimiento de nosotros mismos está a nuestro alcance. Solo el sabio, con el debido y reiterado ejercicio de la virtud, podrá quitarse la venda de los ojos.

En busca de esa verdad única y escurridiza, el estoico construye su libertad interior. Refugiado intramuros de esa fortaleza —que hemos de entender en el sentido militar, como si de una ciudadela íntima se tratase—, acopia fuerzas para, a continuación, pasar a la conquista. Poco a poco, va avanzando por los círculos de familiares y amigos y, a renglón seguido, por la esfera pública y la presencia del mundo.

En el siglo II, Marco Aurelio levantó en sus *Meditaciones* un diálogo consigo mismo en forma de muralla, encastillando una «guía interior» que prefiguraba a Agustín de Hipona. Allí, al socaire de influencias externas, trata de separar el yo verdadero del yo orgánico para afianzar ese discurso consigo mismo que, en última instancia, conduce a vivir virtuosamente, de acuerdo con la naturaleza, sabio y, en última instancia, feliz.

CICERÓN

Aunque seas un necio, nada hay en esa casa que pueda resultarte grato. ¿O acaso cuando ves los espolones[2] que adornan el vestíbulo de la casa de Pompeyo crees que entras en la tuya? Eso no es posible, pues, aunque careces de inteligencia y de sensatez, como te ocurre, no obstante te conoces bien a ti mismo, y conoces bien tus actos y a tus amigos. No creo que una idea semejante haya podido ni siquiera pasarte nunca por la cabeza ni despierto ni en sueños. Es forzoso que, aunque seas, como eres, un hombre violento y exaltado, cada vez que se presente la imagen de ese hombre extraordinario, si duermes, te despiertes del sueño aterrorizado, y que, si estás despierto, te dejes dominar por un arrebato colérico. Yo, por mi parte, me compadezco hasta de las paredes mismas y de los techos mismos de esa casa. ¿Qué había conocido, en efecto, aquella casa sino un comportamiento intachable? ¿Qué, sino una forma de vida que obedecía a nuestras mejores tradiciones y a los principios más excelentes? Fue, en efecto, Pompeyo, senadores, como bien sabéis, no solo ilustre en la vida pública, sino también admirable en la privada, y no más digno de alabanza por sus hazañas en el extranjero que por su vida familiar.

Segunda Filípica de Marco Tulio Cicerón contra Marco Antonio

2. Capturados por Pompeyo en su campaña contra los piratas el año 67 a.C. *(N. del E.).*

Además, ese hombre desprovisto de educación e ignorante de los usos de la vida en sociedad ha leído en voz alta una carta que afirma que yo le envié. ¿Quién hubo alguna vez, con tal de que conociese, aunque solo fuese un poco, las normas que rigen la vida de la gente de bien, que diese a conocer públicamente una carta enviada por un amigo, leyéndola en voz alta con la excusa de haber sido ofendido por este amigo? ¿Qué se consigue con ello sino suprimir de la vida las relaciones sociales, sino poner fin a las conversaciones que mantenemos con nuestros amigos ausentes? ¡Cuántas bromas se acostumbra a incluir en una carta que, de hacerse públicas, parecerían necedades! ¡Cuántos asuntos serios se acostumbra también a tratar que, no obstante, no deben ser divulgados en modo alguno! Pero concedamos que sea esto una simple falta de educación: ved ahora la increíble estupidez de Antonio. ¿Con qué palabras vas a enfrentarte a mí como hombre diserto que eres? Al menos así se lo pareces a Mustela Sejo y a Tirón Numisio, que armados con sus espadas se hallan aquí de pie en este mismo instante a la vista del Senado. Incluso yo te tendré por un hombre diserto en el caso de que me muestres cómo vas a defender a estos de una acusación por asesinato. ¿Y, en fin, cómo vas a enfrentarte a mí en el caso de que niegue haberte enviado nunca semejante carta? ¿Con qué prueba vas a demostrar que miento? ¿Acaso mostrando mi propia escritura? Dejas ver en ese terreno una habilidad muy lucrativa. Pero ¿cómo podrías hacerlo? La escritura de mis cartas es la de la mano de mi secretario. Envidio a tu maestro, que, a cambio de tan grandes recompensas como inmediatamente voy a mostrar, te ha enseñado a ser un ignorante. En efecto, ¿qué puede ser menos inteligente, no digo ya por parte de un orador, sino de un hombre cualquiera, que acusar a su adversario de algo que, en el caso de que este se limite simplemente a negarlo de palabra, el que lanza la acusación no pueda continuar con su argumentación?

Segunda Filípica de Marco Tulio Cicerón contra Marco Antonio

¿Y para acumular toda esta sucesión de necedades, insensato, te ejercitaste en la declamación durante tantos días en una finca que no te pertenece? Aunque, ciertamente, como acostumbran a decir tus más allegados, te ejercitas en la declamación a fin de liberar tu aliento del hedor a vino, no para agudizar tu ingenio. Y para divertirte cuentas con un maestro, elevado a la categoría de rétor por ti y tus compañeros de borrachera, a quien has autorizado para que diga todo lo que quiera contra ti. Un hombre ocurrente, sin duda, pero es fácil hacer todo tipo de gracias sobre ti y los tuyos. Mira, sin embargo, cuánta diferencia existe entre tú y tu abuelo: él iba exponiendo poco a poco todos aquellos argumentos que favorecían a su causa, tú, por el contrario, sueltas de buenas a primeras argumentos contrarios a la tuya. ¡Y qué espléndidamente se ha pagado a ese rétor! ¡Escuchad, escuchad, senadores, y conoced las heridas de la patria! Concediste dos mil yugadas de la campiña de Leontini al rétor Sexto Clodio, y además exentas de impuestos, para aprender a ser un ignorante a cambio de una remuneración tan grande substraída de los bienes del pueblo romano. ¿También esta medida tú, el más desvergonzado de los hombres, la encontraste recogida entre los archivos de César? Pero dejo para más adelante el tratar del territorio de Leontini y de la Campania, territorios estos que, arrebatándoselos a la República, Antonio mancilló entregándolos a los más miserables de los propietarios.

Segunda Filípica de Marco Tulio Cicerón contra Marco Antonio

SÉNECA

Además de esto, puede definirse de otra manera nuestro bien, es decir, expresar la misma sentencia con palabras diferentes. Así como un ejército ora se espacia por una gran llanura, ora se aprieta en un paso estrecho; y tan pronto se encorva adelantando los flancos y arqueando la parte media como se extiende en línea recta; y cualquiera que fuere su disposición es siempre igual su fuerza y firme su voluntad de permanecer fiel a la misma bandera; asimismo, la definición del soberano bien puede ampliarse y desarrollarse o concentrarse y reducirse a compendio. Lo mismo será si dijere: «El soberano bien es el alma que desdeña lo fortuito y se contenta con la sola virtud», como si dijere estotro: «La invencible energía del alma conocedora de las cosas, pacífica en la acción, armada de una gran benevolencia y cuidadosa de sus domésticos». Se puede también definir diciendo que «es bienaventurado aquel hombre para quien no existe otro bien ni mal que un alma buena o mala, ejercitado en la práctica de lo honesto, contento con la virtud, a quien ni engríen ni quebrantan las veleidades de la fortuna, que no conoce mayor bien que el que se puede dar a sí mismo, y cuyo auténtico placer es menospreciar el placer». Y, si tuvieres humor de vaguear, podemos presentar el mismo objeto bajo objetos diferentes, salvando siempre íntegra la misma sentencia. ¿Quién nos impide que digamos que la vida bienaventurada es el alma libre, derecha, intrépida y constante, situada fuera del alcance del miedo y de la codicia, cuyo bien único es la honestidad, cuyo mal único es la torpeza, para quien la vil muchedumbre de las otras cosas no puede quitar ni añadir nada a su bienaventuranza y que va y viene y se mueve en todos sentidos sin aumento ni mengua del soberano bien? Menester es que a la fuerza, quiera o no quiera, un hombre tan sólidamente cimentado vaya acompañado de un júbilo continuo y una profunda alegría que mana de lo más entrañable de su ser, puesto que se complace en sus cosas y ninguna desea mayor que las acostumbradas. ¿Y por qué todo esto no le ha de compensar de los movimientos pequeños y frívolos y no perseverantes de su cuerpo? El día en que estuviere sujeto al placer, estará también sujeto al dolor. ¿No ves, por otra parte, bajo qué mala y perniciosa servidumbre ha de servir aquel a quien poseerán en dominio alterno los placeres y los dolores que son los más caprichosos e insolentes de los dueños? Hay, pues, que salir hacia la libertad. Y esta ninguna otra cosa nos la proporciona sino el negligente desdén de la fortuna. Entonces brotará aquel bien inestimable, a saber, la tranquilidad del alma puesta en seguro, y la elevación y un gozo grande e inconmovible que resultará de la expulsión de toda suerte de terrores y del conocimiento de la verdad; y la afabilidad y expansión del espíritu; y en estas cosas se deleitará no como en cosas buenas, sino como en cosas emanadas de su propio bien.

De la vida feliz, IV

Puesto que comencé a tratar este asunto con prolijidad, puedo añadir aún que el hombre feliz es aquel que, gracias a la razón, nada teme ni desea nada. Y, por más que las piedras y los cuadrúpedos carezcan de temor y de tristeza, nadie dirá por eso que sean felices porque no tienen conciencia de la felicidad. En el mismo caso pon a los hombres a quien un natural lerdo y el desconocimiento de sí mismos redujeron al número de los cuadrúpedos y de las cosas inanimadas. Ninguna diferencia hay entre aquellos y estos; porque en estos la razón es nula y en aquellos es depravada y nociva e ingeniosa para toda perversidad; pues no puede llamarse feliz quien ha sido lanzado fuera de la órbita de la verdad. Por ende, la vida bienaventurada está fundada inmutablemente en el juicio recto y seguro. Entonces, en efecto, es pura el alma y exenta de todo mal y esquiva no solo las cuchilladas sino también los pellizcos cuando permanece en el mismo sitio donde se fijó, y está dispuesta en todo momento a recabar su asiento, aun contra las iras y las enemistades de la fortuna. Por lo que se refiere al placer, aunque por todo arreo se difunda, y por todos los caminos se infiltre y mulla el alma con sus blanduras y de unas haga salir las otras para solicitarnos con ellas a nosotros y a nuestros miembros: ¿qué moral hay que guarde la huella más leve de dignidad humana, que quisiera de día y de noche sentir el acicate del deseo y, descuidada el alma, ocuparse del cuerpo?

De la vida feliz, V

¿Quién duda, sino que para un hombre sabio hay más holgura para expandir su buen corazón en las riquezas que en la pobreza, puesto que en esta el único linaje de virtud es no abatirse ni reprimirse, siendo así que en las riquezas tienen campo abierto la templanza, la liberalidad, la generosidad, el buen orden y la magnificencia? No se tendrá en menos el sabio por su chica estatura si bien preferirá tenerla prócer. Y enteco de cuerpo y con un solo ojo, no se desanimará por más que preferiría la robustez corporal, pero de tal manera que no olvidará que reside en él otra cosa de una mayor pujanza. Soportará la precaria salud; deseará la buena. Existen determinadas cualidades que aunque pequeñas en relación con el conjunto, de tal manera que pueden perderse sin ruina del bien principal, no obstante añaden algo a aquella perenne alegría que mana de la virtud. Las riquezas le afectan y le alegran como al navegante el viento fresco y favorable y un día de buen tiempo, o un abrigo soleado en tiempo frío y brumoso. ¿Cuál de los sabios —por los nuestros lo digo, que tienen la virtud como bien único— niega que estas cosas que llamamos indiferentes tienen también algún precio y que las unas son preferidas a las otras? A algunas se les atribuye un poco de honor; a otras, mucho. Y, para que no te equivoques, diré de una vez que las riquezas se encuentran entre las preferibles. «¿Por qué, pues, me escarneces —dices— si tienen el mismo lugar en ti que en mí?». ¿Quieres saber cuánto falta para tener el mismo lugar? Si las riquezas se escurriesen de mis manos, nada se llevarán consigo sino a sí mismas; tú, en cambio, quedarás estupefacto y ha de parecerte que fuiste separado de ti mismo si ellas se separaren de ti; en mí, las riquezas tienen algún lugar; en ti, tienen el más alto; y, a la postre, mis riquezas son mías, tú eres de las riquezas.

De la vida feliz, XXII

«¿Qué estorbo hay que vede la identificación de la virtud y del placer, y que así se forme el bien sumo de tal modo que sean una sola y misma cosa lo honesto y lo deleitable?». Lo que estorba esta fusión es que lo honesto no puede tener parte ninguna que no sea honesta y el bien sumo tendrá toda su pureza si ve en sí algo desemejante de lo mejor. Y ni siquiera aquel gozo que nace de la virtud, por más que sea bueno, no es parte del bien absoluto; no de otra manera que la alegría y la tranquilidad, por más que se originen de las más bellas causas. Buenas son estas cosas, pero como consecuencias del sumo bien, no como su consumación. Mas aquel que junta la virtud con el placer aun sin derecho de igualdad, por la fragilidad de uno de los dos bienes, debilita todo cuanto vigor hay en el otro y pone bajo el yugo aquella libertad que es invencible si se reconoce como la cosa de mayor precio que hay. Porque, y esa es la máxima servidumbre, comienza a serle necesaria la fortuna; se sigue la vida ansiosa, suspicaz, alarmada, temerosa del azar, colgada y dependiente de las circunstancias. No das a la virtud un fundamento firme, inmóvil, sino que le ordenas que se establezca en terreno movedizo. ¿Qué cosa hay más movediza que la espera de lo fortuito y la mutabilidad del

cuerpo y de las cosas que al cuerpo afectan? ¿Cómo puede este hombre obedecer a Dios y aceptar de buen grado todas las contingencias, y, benigno intérprete de todo cuanto acaeciere, no quejarse nunca del destino, si le acucian los finos aguijones de los dolores y de los placeres? Pero ni aun de su patria podrá ser defensor ni vindicador ni propugnador de sus amigos si se inclina hacia los placeres. Elévese, pues, el sumo bien a tal altura que no baste fuerza alguna a derrocarle del firme asiento, que no permita el acceso al dolor, al temor, a la esperanza ni a cosa alguna que importe mengua de su soberano privilegio. A tal alteza solo puede ascender la virtud. Con sus pies la virtud ha de domar este áspero risco; ella se mantendrá de pie en su propia maciza reciedumbre y todo cuanto sobreviniere lo soportará no ya con paciencia, sino con generosa voluntad, y sabrá que toda dificultad de los tiempos es ley de naturaleza y a guisa de buen soldado soportará las heridas, contará las cicatrices y morirá cosido de dardos, amando aun al caudillo por quien dará la vida; y tendrá, hondo en el alma, aquel precepto antiguo: ¡Sigue a Dios! Mas todo aquel que se queja, y llora y gimotea, a la fuerza se le obliga a cumplir las órdenes, y contra su voluntad es arrastrado a ejecutar los mandatos. ¡Qué locura no es dejarse arrastrar antes que seguir! Tanta, a fe mía, como por necedad y desconocimiento de tu propia condición dolerte de que te falte alguna cosa o que te ocurra algo penoso, o admirarte o indignarte por aquellas cosas que igualmente suceden a los buenos como a los malos, las enfermedades, quiero decir, las muertes, las debilidades y otras contrariedades que asaltan la vida humana. Todo aquello que hay que padecer por la especial constitución del mundo se acepte con grandeza de alma; por juramento estamos obligados a soportar los males propios de la mortalidad y no perder la calma por aquellas cosas que evitarlas no está en nuestra mano. Nacimos en una monarquía: obedecer a Dios es libertad.

De la vida feliz, XXV

¿Aprovecha a alguno el tiempo de los hombres, de aquellos, digo, que se precian de prudentes? Están harto intensamente ocupados para que puedan vivir mejor; ordenan la vida a expensas de la misma vida; urden sus planes para un plazo largo, siendo así que la dilación es la quiebra máxima de la vida. Ella suprime siempre el día actual y, bajo promesa de tiempos futuros, defrauda los presentes. La rémora mayor de la vida es la espera que depende del día de mañana y pierde el de hoy. Dispones de aquello que está en manos de la fortuna y das rienda suelta a lo que está en la tuya. ¿Adónde miras? ¿Hasta cuándo haces cuenta vivir? Todo lo que está por venir se asienta en terreno inseguro: vive desde ahora. Oye cómo clama el mayor de los poetas, quien, como inspirado por divina boca, canta aquel verso saludable: El mejor día de la vida es el que huye el primero de los míseros mortales. «¿Por qué vacilas —dice—, por qué te detienes? Si no le atrapas, huye». Y, si le atrapas, huirá también; así que hay que contender en rapidez con la celeridad del tiempo útil; hay que beber a toda prisa de ese torrente raudo, que no siempre ha de correr. Y es de notar que muy hermosamente, para reprobar la vacilación interminable, no dice el poeta la mejor edad, sino el mejor día. ¿Por qué tú, amodorrado en medio de tan rapidísima carrera del tiempo, te prometes con tanta seguridad meses y años en serie prolija, al capricho y a la medida de tu avidez? De un día te habla el poeta, y aun de un día fugitivo. ¿Y quién duda sino que el día mejor, que es siempre el primero que se goza, huye de los mortales míseros, es decir, frívolamente atareados? La vejez agobia sus años pueriles todavía, a la cual llegaron impreparados e inermes; nada previeron; bruscamente, y sin pensarlo, cayeron en ella, pues no sentían cómo iba ella cada día acercándose con pie quedo. Así como una conversación o una lectura o una preocupación intensa engañan a los que van de camino y se dan cuenta de que llegaron antes de que se acercaron, así también este continuado y velocísimo viaje de la vida que dormidos o en vela andamos a paso igual, no lo perciben los atareados sino al fin de la jornada.

De la brevedad de la vida, IX

Ninguno de estos te obligará a morir; pero todos te enseñarán a morir; ninguno te hará perder tus años; antes, cada cual te prestará los suyos; ninguno trabará contigo conversaciones peligrosas; ni te ofrecerá una amistad mortal; ni te hará pagar caro su respeto. Tendrás de ellos todo lo que quisieres; por ellos no se perderá que tomes tanto cuanto pueden contener tus brazos. ¡Qué bienandanza, qué hermosa ancianidad está reservada a quien se alistó en su clientela! Tendrá con quien deliberar de las cosas más pequeñas y de las más grandes, con quien podrá consultar cada día acerca de sí, de quien oirá la verdad sin injuria, de quien sea alabado sin adulación; tendrá un dechado con el cual conformarse. Solemos decir que no estuvo en nuestra mano la elección de nuestros padres, que nos fueron dados por la suerte; pero depende de nuestra voluntad nacer a nosotros mismos. Existen numerosas familias de nobilísimos ingenios. Escoge aquella en la que quieres ser adoptado; su adopción no te dará solo el nombre, sino también los bienes solariegos, que no tendrás que guardar ni sórdida ni malignamente, antes se acrecentarán cuanto mayor fuere el número a quien los distribuyeres. Ellos te abrirán el camino de la eternidad y te situarán en aquella alteza de la cual nadie podrá derrocarte. Esta es la única manera de dilatar nuestra vida mortal, o mejor, de traducirla en inmortalidad. Honores,

monumentos, todo lo que impusieron los decretos o que construyó su laboriosa diligencia pronto se arruina; todo una larga vejez lo demuele y lo aventa; pero ningún daño puede causar a aquello que consagró la sabiduría; ninguna edad lo abolirá, ninguna lo amenguará, la edad siguiente y las edades que después de ella vinieren añadirán veneración mayor a la que ya tenían; puesto caso que la envidia mora en nuestra vecindad y con pureza mayor admiramos las cosas alejadas. Muy espaciosa es, pues, la vida del sabio, y no la encierra el mismo límite que las otras. Solo el sabio está exento de las leyes del género humano; todos los siglos le están sumisos como a un dios. ¿Un tiempo es ya pasado? Él, por el recuerdo, lo actualiza. ¿Es presente? Lo utiliza. ¿Es venidero? Él lo disfruta por anticipación. Larga hace su vida la fusión en uno de los tiempos todos.

De la brevedad de la vida, XV

EPICTETO

En cuanto a las cosas que elevan el ánimo, que traen provecho o que tenemos en estima, recuérdate a ti mismo cuál es su naturaleza, empezando por las más pequeñas. Por ejemplo, si estimas una vasija, piensa que no es más que una vasija que estimas; no te inquietarás aunque se quiebre. Si amas a tu hijo o a tu mujer, piensa que amas a un ser mortal; así, no perderás la calma aunque muera.

Manual de vida, 8

Cuando hayas de emprender alguna tarea, recuérdate a ti mismo cuál es su naturaleza. Si sales para ir a bañarte, por ejemplo, piensa en los hechos que suceden en el baño, como que allí algunos salpican, otros incomodan y empujan, otros hablan mal, otros hurtan. Así, procederás con más seguridad si te dices a ti mismo: «Quiero bañarme luego, y que mi voluntad bien ponderada se mantenga en conformidad con la naturaleza». Y así harás en otras situaciones, de manera que, si en el baño sucediera algún inconveniente, dirás al punto: «No quise solo bañarme, sino mantener mi voluntad en conformidad con la naturaleza. Y es cierto que no la mantendría si me indignase por las cosas que allí puedan suceder».

Manual de vida, 9

Si quieres progresar, permite que por las cosas externas te juzguen estúpido y necio. No quieras parecer sabio; y si se lo parecieras a algunos, desconfía de ti mismo. Debes saber que no es fácil conservar tu decisión en conformidad con la naturaleza y atender a la vez a las cosas exteriores. Es preciso que quien se cuida de lo uno se olvide de lo otro.

Manual de vida, 18

El designio de la naturaleza se puede conocer a partir de aquellas cosas sobre las cuales no estamos en desacuerdo. Por ejemplo, si el sirviente del vecino quiebra un vaso u otra cosa, a la mano tienes que decir: «Son cosas que ocurren con frecuencia». Has de saber, pues, que, aunque se quiebre el tuyo, conviene que seas el mismo que fuiste cuando se quebró el ajeno. Traslado esta doctrina a casos mayores. ¿Murió el hijo o la mujer de otro? Nadie hay que no diga que la mortalidad forma parte de la naturaleza humana. Pero aquel a quien se le muere es el que clama: «¡Ah, desdichado de mí!». Deberíamos acordarnos de cómo reaccionamos cuando les sucede a otros.

Manual de vida, 33

Si concibieras en el ánimo la imagen de algún deleite, refrénate de forma que no te arrastre. Examina luego la cosa bien, y tómate alguna tregua en ello. Acuérdate después de los dos tiempos, a saber, de

aquel en que gozabas el deleite y de aquel en que, una vez gozado, te habrás arrepentido. Así verás como te reprendes a ti mismo. Compara, pues, aquellas cosas con estas. Si te abstienes, te alegrarás luego y te congratularás a ti mismo. Pero, si te pareciera ocasión de abrazar el deleite, mira que no te venzan sus halagos, sus dulzuras y sus lisonjas. Opón las ventajas que trae ser consciente de haber alcanzado esa victoria.

Manual de vida, 56

El estado y carácter del hombre plebeyo es no esperar nunca de sí mismo provecho ni daño, solo de otros. El estado y carácter del filósofo es esperar de sí mismo toda utilidad o daño.

Manual de vida, 71

Las señales de aprovechamiento son no reprender a nadie, no alabar a nadie, no culpar a nadie, no acusar a nadie. No jactarse de uno mismo por ser algo o saber algo, pues se acusa a sí mismo cuando es impedido o interceptado por alguna cosa. Si alguno se alaba, ríe del alabador. Si es reprendido no se defiende, anda como los enfermos, temiendo ser movido de su estado antes de tomar fuerzas. Todo deseo depende de él y transfiere la aversión a las cosas que, de las que están en nuestro arbitrio, repugnan a la naturaleza. Los apetitos los sacia siempre sin vehemencia. No se cuida de si es tenido por estúpido o ignorante. Y, en una palabra, se observa a sí mismo como al enemigo insidioso.

Manual de vida, 72

¿Para cuándo dejas hacerte digno de lo mejor y no transgredir lo que dicta la razón? Escuchaste preceptos que debías admitir, y de hecho los admitiste. Pues ¿a qué maestro esperas aún, para cuya venida retrasas tu enmienda? Ya no eres un muchacho, sino un hombre maduro. Si todavía descuidas y retardas, si vas añadiendo dilación a dilaciones, propósitos a propósitos, días a días, después de que entres en ti mismo seguirás viendo que en nada has mejorado, y serás hombre común en vida y en muerte. Dígnate ya a emprender una vida madura, y séate ley inviolable todo lo que encuentres que te parezca mejor. Si aconteciera algo ingrato o trabajoso, acuérdate de que entonces es el momento de luchar: son los Juegos Olímpicos y no pueden diferirse; ya perderse o salvarse en el aprovechamiento depende solo de ser vencido o victorioso. Así hizo Sócrates guiándose a sí mismo en todo y no escuchando a nadie sino a la razón. Tú, si no eres todavía Sócrates, debes vivir deseando serlo.

Manual de vida, 75

MARCO AURELIO

¡Con cuánta velocidad se pasa todo: en el mundo, los cuerpos, y en la posteridad, su memoria! ¡De qué condición son todos los objetos sensibles y, con particularidad, lo que nos halaga por el placer o nos espanta por el dolor o resuena, por la vanidad, a todos los vientos! ¡Cómo aparece todo vil, despreciable, basto, destructible, muerto, a las mentes capaces de percibirlo! ¿Qué son aquellos de cuyo modo de opinar y hablar depende la reputación? ¿Qué es la muerte? Que, si se la mira aisladamente y se abstraen, por análisis de los conceptos, los fantasmas que la imaginación abulta, no se verá en ella más que un efecto de la naturaleza. Ahora bien: es evidentemente pueril temer los efectos de la naturaleza. Y no solo la muerte es efecto de la naturaleza, sino aún conveniencia de la misma. ¿Cómo se une el hombre con Dios y por qué parte de sí mismo, y, sobre todo, cómo está dispuesta esta parte del hombre?

Meditaciones, Libro II

Nada más infeliz que el hombre que lo inquiere todo girando de aquí para allá, que escruta, como dice el poeta, «las profundidades de la tierra», que indaga por conjeturas lo que acontece en el alma ajena, sin acabar de entender que le bastaría solo aplicarse al dios que habita en su interior y venerarle como es debido. Este culto consiste en conservarse puro de pasiones; de temeridad y de disgusto por aquello que procede de los dioses y de los hombres. Porque lo que viene de los dioses es digno de respeto, por ser obra de sí virtuosa; y lo que viene de los hombres nos es caro a causa del parentesco, si bien a veces no deja de ser, en cierto sentido, objeto de compasión, por su ignorancia del bien y del mal, ceguera no menor que la que nos impide poder discernir lo blanco de lo negro.

Meditaciones, Libro II

El tiempo de la vida humana es un punto: la sustancia, fluente; la sensación, oscurecida; toda la constitución del cuerpo, corruptible; el alma, inquieta; el destino, enigmático; la fama, indefinible; en resumen, todas las cosas propias del cuerpo son a manera de un río; las del alma, sueño y vaho; la vida, una lucha, un destierro; la fama de la posteridad, olvido. ¿Qué hay, pues, que nos pueda llevar a salvamento? Una sola y única cosa: la filosofía. Y esta consiste en conservar el dios interior sin ultraje ni daño, para que triunfe de placeres y dolores, para que no obre al acaso, y se mantenga lejos de toda falsedad y disimulo, al margen de que se haga o no se haga esto o aquello; además, para que acepte la parte que le tocare en los varios sucesos accidentales e integrantes de su parte, como procedentes de aquel origen de quien procede él mismo; y, en particular, para que aguarde la muerte en actitud plácida, no viendo en ella otra cosa más que la disolución de los elementos de que consta todo ser viviente. Si no hay nada temible para los mismos elementos en esta transformación incesante de uno en otro, ¿por qué temer la transformación y disolución de todas las otras cosas? Esto es conforme con la naturaleza: y nada es malo de cuanto a ella se acomoda.

Meditaciones, Libro II

No malogres la parte de vida que te queda en averiguar vidas ajenas, a no ser que te propongas algún fin útil a la comunidad. Te privas ciertamente de cumplir tu deber al revolver en tu imaginación lo que hace fulano y por qué lo hace, qué dice, qué piensa, qué trama, y otras ocupaciones de esta índole que te distraen de la consideración de tu facultad rectora. Conviene, pues, no ensartar en la cadena de nuestros pensamientos lo que es temerario y vano y, más especialmente, lo fútil y lo malvado. Hay que avezarse, además, a tener solo ideas tales que si alguien de repente te preguntare, bruscamente: «¿En qué piensas ahora?», pudieras responder al instante, con toda franqueza: «En esto» o «En aquello». Se dejará ver entonces, pronto y evidentemente, que todo lo tuyo es simple, bondadoso, digno de un ser sociable e indiferente a los placeres y, en su conjunto, a las ideas de una vida voluptuosa; un ser que no abriga envidia, celos, desconfianza u otra pasión por la cual te fuera preciso avergonzarte al manifestar que la posee tu ánimo. El hombre que se muestra tal y que, sin más pruebas, pretende ser reputado ya por varón perfecto viene a ser como un sacerdote y ministro de los dioses, consagrado al culto del numen que mora en su interior; y esto conserva al hombre puro de las manchas de la voluptuosidad, invulnerable a todo dolor, intangible a toda injuria, inaccesible a toda perversidad, atleta en la lucha más gloriosa, la que resiste al ataque de toda pasión, impregnado, hasta lo más hondo, de justicia, encariñado de todo su corazón con los acontecimientos y con cuanto integra su ser, rara vez entrometido, y nunca sin necesidad absoluta y utilidad común, en lo que pueda otro decir, hacer o pensar. No pone en práctica más que su tarea estricta y piensa sin cesar en la parte que le cabe en el repartimiento de destinos en el universo: y así cumple, en lo uno, con su deber y se persuade, en lo otro, de que son buenas las disposiciones. Pues el destino otorgado a cada uno está involucrado en el conjunto de las cosas, al mismo tiempo que las involucra él mismo. Tiene él también presente que todos los seres razonables participan de un común parentesco, que es conforme a la naturaleza humana el preocuparse por todos los hombres, pero de modo que no se acoja uno al aplauso del vulgo, sino únicamente al de aquellos que viven de acuerdo con las leyes de la naturaleza. Respecto de los que viven diversamente, no deja de traer al pensamiento cómo se portan en casa y fuera de ella, de noche y de día, y con quiénes se mezclan; no para mientes, pues, en la aprobación que pueda venir de tales individuos, que ni de sí mismos están satisfechos.

Meditaciones, Libro III

Si hallares en el discurso de la vida humana un bien superior a la justicia, a la sinceridad, a la cordura, al valor, y, para decirlo de una vez, al bien de una inteligencia complacida en sí misma, en tanto conforma tu conducta con la recta razón, y satisfecha de su destino, por lo que toca a las cosas espontáneamente repartidas al azar; si hallares, digo, un bien de mejor condición, abrazándolo con toda el alma, disfruta enhorabuena de este bien supremo que descubras. Pero si no descubres cosa alguna más excelente que este numen que en ti ha establecido su morada, que tiene a raya los instintos personales, que vigila las ideas, que se desprende, como decía Sócrates, de los halagos de los sentidos, que se subordina a los dioses y tiene cuenta con la utilidad del prójimo; si hallares que toda otra cosa, frente a él, es mezquina y sin valor, no des cabida en ti a otro afán, puesto que, una vez que te hubieres rendido e inclinado hacia este, no podrías sin marcada violencia dar el primer lugar a aquel bien supremo, propiamente tuyo. No es conforme a justicia, en efecto, que se oponga al bien propio de la razón y de la sociedad nada que sea extraño a su naturaleza, como el aplauso de la turba, el poder, la riqueza, el goce de los placeres. Todas estas cosas, aunque parezcan momentáneamente convenientes a la naturaleza, se enseñorean luego de nosotros y nos arrastran a la deriva. Tú, repito, escoge de buena fe y libremente lo mejor y afírmate en ello.

—Pero lo mejor es lo útil.

Si se trata de tu utilidad como ser razonable, pugna por mantenerte en ella. Pero si no atañe más que a tu apetito, manifiéstalo y, sin orgullo, conserva un juicio recto. Procura sencillamente hacer sin tropiezos este examen interior.

Meditaciones, Libro III

Nunca juzgues útil para ti mismo lo que tal vez te obligue algún día a quebrantar la palabra dada, a renunciar al pudor, a odiar; recelar, imprecar, disimular, desear lo que solo puede hacerse a puertas cerradas y tras las cortinas. El hombre que a todo antepusiere su inteligencia, su genio interior y los misterios del culto debido a la gloria de este, ese hombre no representará una tragedia, no se entregará al llanto, prescindirá de la soledad como de la muchedumbre; y, lo que es más, vivirá sin aprestarse y sin huir de la muerte. No se inquietará por gozar, durante un intervalo más o menos largo de tiempo, de este soplo que rodea su cuerpo. Que, aunque conviniere desprenderse de él al mismo punto, marchará tan ágilmente como haría en cualquier otra de las funciones de la vida, moderada y decorosamente. La sola cosa que procura durante toda su vida es preservar su inteligencia de una deformación contraria a la naturaleza de un ser inteligente y sociable.

Meditaciones, Libro III

Tenemos cuerpo, alma, inteligencia. Del cuerpo son las sensaciones; del alma, los instintos; de la inteligencia, los principios. De recibir impresiones por medio de las ideas de los objetos, los mismos brutos son capaces. De ser impetuosamente agitado, como títeres, por los instintos, también las fieras, los andróginos, los Falarios, los Nerones son capaces. De tomar la inteligencia por guía de lo que parecen deberes, también son capaces los que no veneran a los dioses, los que traicionan a su patria y cometen toda clase de infamias a puertas cerradas. Si, pues, todo esto es común a los seres antedichos, la prerrogativa del hombre virtuoso es acoger con amor y satisfacción lo que sobreviene y se entrelaza con la vida, y no envolver y turbar con un tropel de ideas al genio que ha tomado asiento en su corazón; sino vigilarlo para que se conserve satisfecho, que obedezca, como conviene, a Dios, sin decir una palabra opuesta a la verdad, ni hacer nada contrario a los derechos de la justicia. Si los hombres rehúsan creer que vive uno con simplicidad, modestia y buen ánimo, él no deberá enojarse con nadie ni desviarse del camino que conduce al término de la vida, que se debe esperar puro, tranquilo, despejado, acorde sin repugnancia alguna con la suerte que le cupiere.

Meditaciones, Libro III

El señorío interior del hombre, cuando va bien concertado con la naturaleza, adopta respecto a los acontecimientos una posición tal que en todo momento puede modificarla fácilmente a tenor de las circunstancias. No tiene preferencia por ninguna materia determinada; se dirige a los objetos principales, aunque con la debida reserva, y si alguno se le opone, conviértelo en materia propia de virtud, no de otra manera que el fuego cuando se apodera de los cuerpos que se le echan encima. Una pequeña mecha se apagaría, pero un fuego vehemente asimila pronto cuanto se le arroja, lo convierte en sí mismo y se levanta así más alto.

Meditaciones, Libro IV

Las cosas están recubiertas, a la verdad, de una tal veladura que a no pocos filósofos, y no de los recién llegados, han parecido del todo incomprensibles;[3] aun los mismos estoicos las juzgan por lo menos difíciles de comprender. Y es que todo asenso nuestro está sujeto a errar. ¿Dónde hallarás uno que sea inmutable? Da un paso ya hacia los mismos objetos que caen bajo nuestro conocimiento: ¡cuán efímeros son, viles, capaces de pasar al dominio de un libertino, de una ramera, de un malhechor! Después de esto, pasa a las costumbres de aquellos con quienes vives: el más cortés de todos es difícilmente aguantable, por no decir que apenas puede él soportarse a sí mismo. En medio de esta obscuridad, de este fango, de este tan rápido flujo de la substancia, del tiempo, del movimiento y de las cosas movibles, ¿hay algo digno de honda estima, y aun de atención para conseguirlo? Yo no lo veo. Por el contrario, conviene exhortarse uno a sí mismo a esperar su natural disgregación, y no llevar a mal que esta se demore, confiándose a estos dos únicos principios: primero, nada me ocurrirá que no sea conforme a la naturaleza universal; segundo,

3. Hace referencia a la llamada escuela filosófica «escéptica» o «pirrónica», fundada por Pirrón de Elis. Mantenía que nuestra percepción solo puede mostrarnos las cosas como las vemos y no tal cual son, y que una suspensión del juicio es la única actitud correcta frente a cualquier cosa. *(N. del E.).*

tengo yo en mi mano el no hacer cosa alguna contraria a mi dios y a mi genio. Puesto que nadie me forzará a violar su voluntad.

Meditaciones, Libro V

Conviene vivir con los dioses. Y vive con los dioses quien les presenta constantemente un alma complacida en la suerte que le cupo, dócil en todo a la voluntad del numen interior, que Zeus dio a cada uno por ayo y guía, fragmento de su divinidad. Y este genio es el espíritu y la razón de cada uno.

Meditaciones, Libro V

Consiste la felicidad en un buen numen interior y una buena facultad rectora. ¿Qué quieres hacer acá, en vista de esto, imaginación mía? Vuélvete, en nombre de los dioses, según viniste. Para nada te necesito. Has venido según tu antigua costumbre. No me irrito contra ti, solo te ruego que te vayas.

Meditaciones, Libro VII

Recógete dentro de ti mismo. La mente que te dirige es tal por naturaleza que se basta a sí misma cuando practica la justicia y, con ello, conserva su calma.

Meditaciones, Libro VII

Penetra tu interior. Dentro de ti está la fuente del bien, que puede manar sin cesar si ahondas siempre.

Meditaciones, Libro VII

La naturaleza universal emprendió la creación del mundo. Desde entonces, o bien todo lo que acontece sucede como consecuencia necesaria del primer impulso, o bien todo es irracional, incluso los objetos más capitales, a los que la mente gobernadora del mundo aplicó especial esmero. Teniendo esto presente, podrás ofrecer a las más de las cosas un rostro sereno.

Meditaciones, Libro VII

Lucila dio sepultura a Vero; después fue sepultada Lucila; Secunda, a Máximo; después, Secunda; Epitincano, a Diótimo; luego, Epitincano; Antonino, a Faustina; luego, Antonino. Y siempre lo mismo. Celer, a Adriano; luego, Celer. ¿Y en dónde paran aquellos ingenios agudos, ora hábiles en prever el futuro, ora henchidos de orgullo? Llamo ingenios agudos, por ejemplo, a un Cárax, a un Demetrio el Platónico, a un Eudemón y sus semejantes. Todo ello es efímero, muerto tiempo ha. De muchos, no ha quedado memoria ni un instante, otros han pasado a ser fábula, y algunos cayeron ya de las fábulas en un olvido absoluto. Ten presente, pues, que será forzoso, o que ese tu compuesto se disperse, o que se extinga tu espíritu o emigre para situarse en otra parte.

Meditaciones, Libro VIII

Acuérdate de que lo que te agita a manera de un títere es una cierta fuerza oculta en tu interior; y esta fuerza es la actividad, es la vida, es, si así puede decirse, el hombre mismo. Nunca confunda tu imaginación esta fuerza con el receptáculo que lo encierra y los miembros moldeados a su alrededor; porque estos son muy parecidos a los utensilios, y solo diferentes en que nos pertenecen por nacimiento. Puesto que estas partes de nosotros mismos, sin la causa que los moviliza y les torna el reposo, no tendrían otra utilidad que la que tiene la lanzadora para la tejedora, la pluma para el escribano, el látigo para el cochero.

Meditaciones, Libro X

Cuatro son, entre todas, las inclinaciones de la mente que de continuo conviene evitar; después que dieres con ellas, échalas de tu interior, hablando así con cada una en particular: no viene al caso esta idea; esta otra conduce a la ruptura del vínculo social; esta que vas a expresar no es conforme a lo que sientes: y una idea contra el propio sentir es una de las cosas más absurdas. He ahí, en fin, la cuarta inclinación, con la cual te afrentas a ti mismo: es si tu proceder acusa la caída y sumisión de tu espíritu, la parte más divina de ti mismo, a la parte más ruin y perecedera, la de tu cuerpo y sus brutales placeres.

Meditaciones, Libro XI

Todo lo aéreo e ígneo que se te ha incorporado, aun cuando tienda naturalmente a subirse a lo alto, se conforma, con todo, a la disposición del universo y se detiene aquí abajo, en ese compuesto del cuerpo. Asimismo cuanto hay en ti de terrestre y ácueo, por más que se incline hacia abajo, se levanta, adoptando una postura que no parece natural. Así pues, hasta los elementos no dejan de subordinarse al todo; cuando se les ha asignado un lugar, se violentan por mantenerlo, hasta que de arriba se les dé la señal de la disolución. ¿No es, pues, una enormidad que solo tu parte intelectiva sea desobediente y proteste contra el destino que se le asignara? Y más aun ya que no se le impone violencia alguna, no se le exige ninguna cosa que no convenga a su naturaleza; pero, no pudiendo contenerse, se lanza a la parte contraria. Y este movimiento que la inclina a la injusticia, a la intemperancia, a la ira, a la aflicción, al temor, no es otra cosa que una defección a la naturaleza. Del mismo modo, cuando tu mente lleva a mal alguno de los sucesos, también entonces desampara su puesto, porque no menos ha sido hecha para la piedad y el espíritu religioso que para guardar la justicia. Y estas virtudes, en efecto, contribuyen también al buen orden de la sociabilidad y son más eminentes que las simples prácticas de justicia.

Meditaciones, Libro XI

Tres son los elementos de que has sido formado: cuerpo, espíritu, inteligencia. Los dos primeros son tuyos en cuanto conviene que los cuides; solo el tercero es tuyo propio. Si apartares de ti mismo, es decir, de tu pensamiento, cuanto otros hacen o dicen, cuanto tú mismo hiciste o dijiste, todo lo que, imaginado como futuro, te atormenta, o que, perteneciendo al cuerpo que te circunda o al alma nacida contigo, no depende de tu libre albedrío, todo aquello, en fin, que arrastra en su circuito ese torbellino exterior de la naturaleza, de modo que tu mente, puesta a salvo contra las condiciones inherentes a tu hado, pura y limpia de pasiones, viva replegada en sí misma, practicando la justicia, aceptando los acontecimientos y profesando la verdad; si tú, repito, desterrares de tu espíritu aquellos afectos que dependen de la pasión y, sin preocuparte por lo venidero ni lo pasado, te hicieres a ti mismo, cual Empédocles describe el mundo, «Una esfera perfecta, ufana de su equilibrada redondez»; y solo diriges tus cuidados a vivir bien el momento que vives, a saber, el presente; entonces podrás, sin duda, pasar el resto de tu vida hasta la muerte con toda calma, benignidad y armonía con tu mismo buen genio interno.

Meditaciones, Libro XII

Cómo alcanzar **la *areté*, la excelencia**

En la antigua Grecia, virtuoso era quien cultivaba la *areté,* que podríamos traducir como «excelencia», cuya etimología comparte con *aristós,* es decir, «mejor». Este concepto, fundamental para el ciudadano de la *polis* griega, implicaba el debido cumplimiento del propósito encomendado a cada individuo, la plenitud del potencial de cada uno, la culminación de su función inherente. Ese era el objetivo de la educación: alcanzar la *areté*, la facultad más alta de pensamiento, palabra y obra. Su sentido se aplica especialmente a la virtud ética, una prefiguración del concepto que más tarde se desarrollaría como *virtus* romana.

«Virtud» debe su etimología a la *virtus* latina, que hila también parecidos mimbres que la *areté,* pues se traduce como «poder» o «potencialidad». Su raíz, *vir,* significa «varón», entendiendo lo varonil como aquello que es pleno, íntegro. Al mismo tiempo, una segunda etimología relaciona su raíz con *vis*, «fuerza» o «energía», que incide en los atributos propios de la masculinidad.

En un mundo determinista donde no cabe influir sobre los designios de la providencia, la práctica de la virtud representaba, junto al ejercicio de la razón (*logos*), el único asidero para conquistar la felicidad, la *eudaimonia*, la vida bien vivida. En la virtud, concebida como aquello digno de elegirse por sí mismo, está la perfección de cualquier cosa.

Para Séneca, la virtud se correspondía con el cuidado de sí: un estilo de vida basado en la excelencia, la armonía y la virtud, alejado del capricho y del exceso. La virtud es el único bien; y todo lo demás, como la salud, la riqueza y el placer, sea favorable o desfavorable, no es bueno ni malo en sí mismo.

El camino de perfección está, pues, jalonado de obligaciones para alcanzar la *areté* y, a la postre, la tan ansiada *eudaimonia*. El estoicismo tenía una concepción de la existencia como una especie de contrato por el que al estoico se le permitía consagrar su vida a desarrollar la excelencia, ahormando la racionalidad propia a la racionalidad del mundo. Se trataba de un contrato de obligado cumplimiento: solo mediante el deber, voluntariamente aceptado, se alcanza la virtud, y por tanto la *eudaimonia* —la felicidad, una vez más— representa el único propósito de una vida que merezca la pena ser vivida.

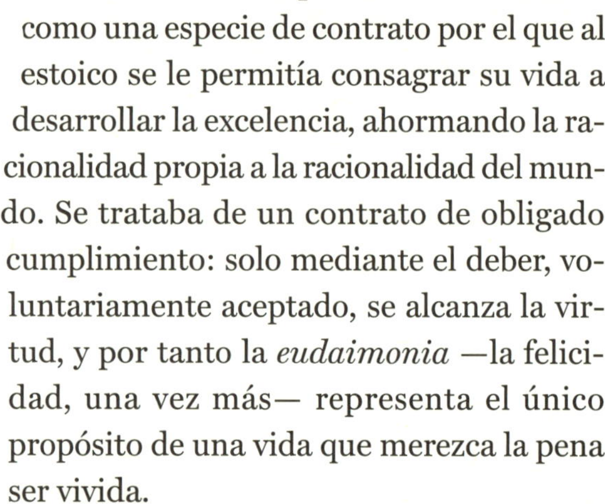

¿Y cómo saber que una vida merece ser vivida? Los estoicos desaprueban el suicidio por entender que supone malbaratar los dones que nos han sido entregados, así como rehuir nuestro deber como ciudadanos. Cierto es que reconocen algunas excepciones. Verbigracia, cuando hay dificultades insalvables que impiden el desarrollo de una vida virtuosa: cuando alguien sufre una coerción tal que le impide decidir con libertad —valga el ejemplo de Catón el Joven frente a Julio César—, o cuando, por ventura, alguien cae víctima de un dolor insoportable o de una enfermedad incurable. Salvadas excepciones como estas, no queda sino soportar y renunciar.

CICERÓN

Aunque se hubiese tratado del propio L. Bruto, que liberó a la República de la tiranía de los reyes y durante casi quinientos años perpetuó su estirpe para que esta mostrase un valor similar y acometiese una hazaña semejante, no obstante, no habría podido ser convencido de hacer partícipe a ningún muerto de los ritos en honor de los dioses inmortales, de modo que sea objeto de unas súplicas públicas aquel cuyo sepulcro se halla en algún lugar donde puede ser honrado en privado. Mi parecer habría sido tal que pudiese fácilmente defenderme frente al pueblo romano si alguna grave calamidad —como la guerra, como una epidemia, como el hambre— hubiese azotado a la República, lo que en parte ya ha sobrevenido y en parte temo que la amenace. Querría que los dioses inmortales perdonasen esta ofensa al pueblo romano, que no la aprueba, y a este estamento, que la sancionó contra su deseo. ¿Qué? ¿Es lícito hablar de los demás males del Estado? Me es lícito y me será siempre lícito proteger mi dignidad y despreciar la muerte. Que tan solo se me conceda el derecho de acudir a este lugar, no rehúyo el peligro de hablar. ¡Y ojalá, senadores, hubiese podido estar presente en las calendas del mes Sexto! No porque alguna utilidad se hubiese desprendido de ello, sino para que no se hubiese dado la circunstancia de que ni uno solo de los antiguos cónsules se mostrase digno de merecer este honor, digno, en fin, de la República, lo que entonces ocurrió. Ciertamente me causa un gran dolor esta desdicha: que unos hombres que se habían beneficiado de los grandísimos favores del pueblo romano no apoyaran a L. Pisón, defensor de un excelente parecer. ¿Acaso el pueblo romano nos hizo cónsules para que, situados en el punto más alto de la respetabilidad que proporcionan los cargos públicos, menospreciásemos los intereses de la República? Nadie apoyó con su voto al antiguo cónsul L. Pisón, ni siquiera con un gesto de su cara. ¿Qué significa, maldita sea, esta voluntaria esclavitud? Baste con que haya habido una que hubo que soportar. Ni siquiera exijo esto de todos aquellos que manifiestan su parecer desde su asiento de antiguos cónsules: una es la causa de aquellos cuyo silencio perdono, y otra la de aquellos cuyo parecer reclamo. Ciertamente lamento que estos últimos estén a los ojos del pueblo romano bajo la sospecha de haber faltado a su dignidad no solo por miedo, lo que ya sería en sí mismo vergonzoso, sino cada uno por un motivo particular. Por ello, en primer lugar, expreso, como la siento, mi más sincera gratitud a Pisón, que no pensó en su futura carrera política en el Estado, sino en cuál era su deber. En segundo lugar, a vosotros, senadores, os pido que, aunque no os atreváis a adheriros a mi parecer y a apoyar mi propuesta, me escuchéis, no obstante, amablemente, como habéis hecho hasta ahora.

Primera Filípica de Marco Tulio Cicerón contra Marco Antonio

Pues si piensas así, desconoces completamente el sendero de la gloria: ser un ciudadano amado, prestar buenos servicios a la República, ser alabado, ser honrado con honores, ser estimado es glorioso;

por el contrario, ser temido y merecer el odio es repugnante, despreciable, estúpido, pasajero. Vemos que también en una tragedia esto fue pernicioso para la propia persona que dijo: «Que me odien, con tal de que me teman».

Primera Filípica de Marco Tulio Cicerón contra Marco Antonio

Ciertamente, soy alguien que siempre ha despreciado este tipo de aplausos cuando son dedicados a demagogos. Sin embargo, cuando esto mismo procede de los ciudadanos más excelentes, de la gente corriente y de los más humildes, en fin, de todos sin excepción; y cuando, por otro lado, los que antes acostumbraban a seguir la opinión común del pueblo en ese momento la rehúyen, eso no lo considero un aplauso, sino un juicio.

Primera Filípica de Marco Tulio Cicerón contra Marco Antonio

No aprueba M. Antonio mi consulado. Lo aprobó, no obstante, P. Servilio, por citarlo a él en primer lugar entre los antiguos cónsules de aquella época, pues es el que ha muerto más recientemente. Lo aprobó también Q. Cátulo, cuyo prestigio vivirá eternamente en nuestra República. Lo aprobaron los dos Luculos, M. Craso, Q. Hortensia, G. Curión, G. Pisón, Manio Glabrión, Manio Lépido, L. Volcacio, G. Fígulo; en fin, D. Silano y L. Murena, que habían sido ya elegidos como los próximos cónsules. Además de aprobarlo los antiguos cónsules, lo aprobó también M. Catón, que, abandonando voluntariamente esta vida, escapó a muchas desgracias y principalmente a la de verte a ti nombrado cónsul.

Segunda Filípica de Marco Tulio Cicerón contra Marco Antonio

Aquel día en el Capitolio dije a nuestros libertadores, cuando querían que yo acudiese a casa para exhortarte a defender la República, que, mientras sintieses miedo, harías todo tipo de promesas; pero que, tan pronto como dejases de sentirte atemorizado, te mostrarías igual a como habías sido en el pasado. Y así, mientras los restantes antiguos cónsules se inclinaban ya en un sentido ya en otro, yo no cambié de opinión. Ni aquel día te vi, ni al siguiente; y estaba convencido de que ningún pacto podía asegurar la convivencia entre los ciudadanos más excelentes y el más odioso de los enemigos de la patria. Dos días después acudí al templo de la diosa Tierra y ello, ciertamente, contra mi deseo, pues todas las calles que daban acceso al templo estaban vigiladas por hombres armados. ¿Qué recuerdo tienes de aquel día, Antonio? Aunque hace un instante te has declarado mi enemigo, no obstante me has dado pena porque con tu comportamiento parecía que mirabas con malos ojos la gloria que entonces alcanzaste. ¡Qué excelente ciudadano, qué insigne, dioses inmortales, habrías podido ser si hubieses querido perseverar en el buen juicio que mostraste aquel día!

Segunda Filípica de Marco Tulio Cicerón contra Marco Antonio

¿Qué importa que yo desease lo que ha ocurrido o que me alegrase por ello? ¿Acaso hay alguien, con excepción de los que se felicitaban por el reinado de César, que no quisiese que se produjese la muerte de este o que la haya reprobado? Así pues, todos somos culpables, pues toda la gente de bien, en la medida en que de ella dependió, mató a César: a unos les faltó la inteligencia necesaria, a otros el valor, a otros la ocasión, el deseo de hacerlo a ninguno.

Segunda Filípica de Marco Tulio Cicerón contra Marco Antonio

SÉNECA

¿Por qué razón, os ruego, el placer no puede separarse de la virtud? ¿Acaso, puesto que todo principio de bien procede de la virtud, de sus mismas raíces vienen también estas cosas que amáis y que buscáis? Si virtud y placer fuesen indistintos, ¿no veríamos algunas cosas deleitables pero no honestas; y otras, en cambio, honestísimas pero desabridas y que solo se consiguen por medianería del dolor? Añade aún que el placer se allega también a la vida más rota, pero la virtud no admite una mala vida; que determinados hombres son infelices no porque no tengan placeres, sino precisamente por culpa de los placeres mismos; lo cual no acontecería si el placer anduviera mezclado con la virtud, que hartas veces de ella carece y nunca tiene de él necesidad. ¿Por qué juntáis cosas desemejantes y aun opuestas? Alta cosa es la virtud, excelsa y soberana, invicta e infatigable; el placer, en cambio, es abyecto, servil, frívolo, caduco y tiene su morada en tabernas y prostíbulos. A la virtud la encontraréis en el templo, en el foro, en el Senado; la veréis enhiesta sobre las murallas, cubierta de polvo, de andar al sol tostada, sus manos ásperas y callosas. Al placer lo veréis con harta frecuencia recatándose y buscando los escondrijos; en la vecindad de los baños, de los sudatorios, de los parajes medrosos de la presencia del edil, lo veréis muelle, desmedrado, macerado en vino y en adobos, pálido y afeitado y embalsamado a drogas. El soberano bien es inmortal, no puede dejar de ser, no conoce la hartura ni el arrepentimiento; porque un espíritu recto no se desvía de su derechura, ni tiene odio de sí mismo, ni introduce cambio en la determinación tomada. Mas el placer, cuando mayor gusto da, luego fenece; no tiene mucho espacio y por eso lo llena de seguida y engendra tedio y al ímpetu primero se marchita. Además de esto, nunca es cosa segura aquella cuya naturaleza es móvil, y por eso no puede tener ninguna realidad aquello que viene y pasa aceleradísimamente y tiene su término en su mismo uso, porque tiende hacia aquello mismo que es su fin y desde su comienzo ya mira a su acabamiento.

De la vida feliz, VII

Yerras, pues, cuando me preguntas lo que sea aquello por que busco la virtud, puesto que pides alguna cosa que está por encima del sumo bien. Me preguntas qué es lo que pido de la virtud. La misma virtud; ninguna otra cosa tiene mejor; ella es el premio de sí misma. ¿Que este premio es poco grande? Cuando yo te dijere: el sumo bien es la inflexible verticalidad del alma y su providencia y su alteza y su salud y su libertad y su concordia y su decoro, ¿exigirás aún cosa mayor a aquella a la cual estas otras se refieren? ¿Por qué me nombras el placer? Busco el bien del hombre, no el del vientre; más ancho que él lo tienen las bestias y las fieras.

De la vida feliz, IX

Así que marche a la vanguardia la virtud, y todo paso será seguro. El placer excesivo perjudica: en la virtud no hay que recelar demasía, porque la tasa está en ella misma. No es bueno aquello que adolece de su propia grandeza. ¿Qué guía mejor que la razón podemos dar a los que cupo en suerte una naturaleza racional? Si contenta este atraillaje; si place ir con este cortejo a la vida bienaventurada, vaya delantera la virtud; acompáñela el placer, y a guisa de sombra ande en derredor del cuerpo; pero dar la virtud, que es la cosa más excelsa, por sirvienta del placer es propio de un alma incapaz de toda concepción grande y alta. Vaya delantera la virtud; lleve ella el estandarte; de todas maneras, deleites no nos faltarán; pero seremos señores y moderadores; algo conseguirán de nosotros con ruegos, nada a la fuerza. En cambio, aquellos que dieron al placer la primacía carecerán de ambas cosas, pues pierden la virtud, y por lo que toca al placer, no lo poseerán ellos sino que serán poseídos, pues o su carencia los tortura o su hartura los ahoga; miserables si él los abandona, más miserables si los abruma, semejantes a aquellos marineros sorprendidos en el mar de las Sirtes, que tan pronto embarrancan en seco como zozobran en la violencia de la corriente marina.

De la vida feliz, XIV

En la virtud está, por lo tanto, la verdadera felicidad. Esta virtud ¿qué te aconsejará? Que no tengas por bien ni por mal aquello que no acontece ni por virtud ni por malicia. Además de esto, que seas inconmovible a los embates del mal y a los halagos del bien, y de la manera que te sea posible, que te labres en estatua como un Dios. ¿Qué te promete por esta empresa? Cosas grandes e iguales a las divinas. No se te obligará a nada; no estarás faltoso de nada; serás libre, seguro, indemne; ningún conato tuyo será baldío; ningún estorbo atravesará tu camino; todo pasará de acuerdo con tu pensamiento, nada adverso te acaecerá, nada que contraríe ni tu opinión ni tu voluntad.

De la vida feliz, XVI

«Hablas de una manera —dices— y vives de otra». Este mismo reproche, oh, espíritus llenos de malignidad y de enemistad, contra todo hombre descollado en virtud, se hizo a Platón, se hizo a Epicuro, se hizo a Zenón; porque todos estos decían no cómo vivían, sino cómo era su deber vivir. Hablo no de mí, sino de la virtud, y, cuando repruebo los vicios, en primer lugar repruebo los míos; cuando podré, viviré como debe vivirse. Esta malignidad inficionada de veneno copioso no me desaviará de buscar el mejor camino; ni este mismo tósigo con que rociáis a los otros y con el cual vosotros os matáis no me impedirá seguir alabando no la vida que llevo, sino la que sé que se ha de llevar, ni adorar la virtud e ir a zaga de sus huellas, andando a rastras y siguiéndola de muy lejos.

De la vida feliz, XVIII

Mas no vayas a creer que exista virtud alguna sin trabajo; pero unas virtudes han menester de acicate, otras de freno. Así como un cuerpo ha de ser retenido en un declive y empujado en una subida, así determinadas virtudes caminan cuesta abajo y otras ganan la pendiente. ¿Es cosa dudosa, por ventura, que la paciencia, la fortaleza, la perseverancia y cualquier otra virtud que se opone a contrastes duros y ha de domar a la fortuna suben cuesta arriba y combaten con esfuerzo denodado? ¿Qué más? ¿Acaso no está claro igualmente que la liberalidad, la templanza, la mansedumbre van cuesta abajo? En estas retenemos el alma, que no se deslice; en aquellas la exhortamos y la enardecemos con brío.

De la vida feliz, XXV

La injuria se propone hacer mal a alguien, pero la sabiduría no deja lugar al mal, porque para ella no hay otro mal si no es la torpeza, la cual no tiene entrada donde una vez entraron la virtud y el honor. Si no hay, pues, injuria sin mal ni mal sin torpeza y la torpeza no puede llegar a quien está ocupado en cosas honestas, la injuria no llega al sabio. Porque, si la injuria es sufrimiento de algún mal y si el sabio no puede sufrir ninguno, no afecta al sabio ninguna injuria. Toda injuria es una disminución de aquel en quien cae y nadie puede recibir injuria sin algún detrimento o de la dignidad o del cuerpo o de las cosas que están fuera de nosotros. Pero el sabio no puede perder cosa alguna, porque las tiene todas firmemente colocadas en sí mismo y de ninguna de ellas hizo entrega a la fortuna. Todos sus bienes están en seguridad, puesto que se contenta con la virtud, que no ha menester nada fortuito y así no puede crecer ni menguar. Porque aquello que llegó a perfección colmada no tiene lugar para ningún aumento, y la fortuna no quita sino lo que ella dio.

De la constancia del sabio, V

Aquel que dice que tal cosa es tolerable para el sabio y tal otra intolerable, y acota dentro ciertos límites la grandeza de su espíritu, hace mal. La fortuna nos vence si no la vencemos toda. No vayas a creer que esto sea dureza estoica. Epicuro, a quien vosotros tomáis por patrón de vuestra apatía y pensáis que os enseña doctrina muelle y floja, conducente al placer, dice: «Raras veces la fortuna coge de sorpresa al sabio. ¡Qué pena le costó emitir una sentencia varonil! ¿Tú quieres hablar con más recio acento y excluirla radicalmente? Esta casa del sabio, angosta, sin adornos, sin ruido, sin aparato, no está guardada por porteros que impongan turno en la muchedumbre de visitantes con displicencia venal; pero por este umbral vacío y libre de porteros no pasa la fortuna; sabe que no hay nada para ella allí donde sabe que no hay cosa que sea suya».

De la constancia del sabio, XV

¿Qué podrías admirar en la filosofía si fuese un beneficio gratuito? Su misión única es hallar la verdad en las cosas divinas y humanas. De ella nunca se apartan la religión, la piedad, la justicia y el restante cortejo de virtudes asidas entre sí y fraternalmente trabadas de manos. Esta nos enseñó el culto de los dioses, el amor de los hombres, que el imperio reside en los dioses y entre los hombres la solidaridad, la cual durante algún tiempo permaneció inviolada, antes que la avaricia despedazase la sociedad y fuese causa de pobreza aun para aquellos a quien hizo ricos sobremanera; puesto que dejaron de poseerlo todo desde que quisieron tener cosas propias.

Cartas a Lucilio, Carta XC, Elogio de la filosofía

EPICTETO

Examina, pues, primero cuál es la cosa, luego mira si tus fuerzas pueden sobrellevarla. ¿Quieres competir en las cinco pruebas o luchar en la palestra? Examina tus brazos, tus muslos y tus lomos, pues lo que proporciona la naturaleza hace que cada uno valga para una cosa. ¿Crees que emprendiendo este oficio podrías comer igual, beber igual, padecer los mismos fastidios? Deberás velar, trabajar, apartarte de los tuyos, soportar el desdén del joven sirviente. En todas las cosas te verás postergado, en el honor, en el mando, en la justicia y en cualquier asunto. Así que examínalo bien si a cambio de todo esto quieres obtener la quietud, la libertad, el sosiego. Si no obras así, procura no hacer como los muchachos y no ser ahora filósofo, ahora recaudador, luego retórico y después criado de César. Estas cosas son discordantes. Debes ser solo un hombre, bueno o malo. Has de cultivar tu propia voluntad o las cosas de fuera; aplícate bien a lo que hay en ti o a lo externo, es decir, has de ser o filósofo o plebeyo.

Manual de vida, 36

Basta con que cada uno ejerza su oficio. ¿Acaso no auxiliarías a la patria dándole un ciudadano fiel y honesto? Así tampoco tú le serás inútil a la patria. «¿Y qué lugar ocuparé en la ciudad?». El que puedas, guardando fidelidad y modestia. Pero, si queriendo auxiliarla menosprecias estas cosas, ¿cuál será el auxilio que le darás con tu deslealtad e imprudencia?

Manual de vida, 31

Los deberes en general deben medirse por las relaciones. ¿Es ese hombre tu padre? Has de cuidar de él, obedecerle en todo, recibir sus reprimendas y no menos sus castigos. «Pero este padre es malo». ¿Es entonces tu vínculo natural con un buen padre? No, sino solo con un padre. ¿Te injurió tu hermano? Pues no dejes para con él el estado que tenías antes, ni repares en lo que él hace, sino haz lo que debas, conservando tu voluntad en conformidad con la naturaleza. Nadie te causará daño si tú no lo quieres, pues únicamente lo padecerás cuando consideres que lo padeces. Si procuras observar estas disposiciones o hábitos, hallarás el favor del vecino, del ciudadano, del jefe.

Manual de vida, 37

No tienen coherencia ni rigen estas proposiciones: «Soy más rico que tú, luego soy mejor que tú», «Soy más elocuente que tú, luego también mejor». Pero rigen estas: «Soy más rico que tú, luego tengo más dinero», «Soy más elocuente que tú, luego mi decir es mejor que el tuyo». Pero tú ni eres dinero ni dicción.

Manual de vida, 66

En todo principio de obrar deseemos lo siguiente: «Guíame, Zeus, y tú también, hado, adonde queráis: seguiré con diligencia. Y si no lo hago y mi voluntad repugna, seguiré sin embargo».

Manual de vida, 77

Quien se conforma bien con la necesidad es un sabio entre nosotros, e instruido en las cosas divinas.

Manual de vida, 78

MARCO AURELIO

Nada, en efecto, contribuye a la grandeza del ánimo como poder comprobar con orden y exactitud cada uno de los objetos que se presentan en la vida, y verlos siempre en tal conformidad que se conozca al mismo tiempo a qué clase de universo aporta cada uno utilidad, y cuál qué valor tiene en relación con la colectividad, y cuál respecto al hombre, siendo este ciudadano de la más excelsa de las ciudades, junto a la cual esas otras ciudades de acá son como simples casas; qué es y de qué principios se compone, y cuánto tiempo debe naturalmente durar este objeto que ahora me configura la imaginación, y qué virtud necesito para hacerme con él, sea la mansedumbre, el valor, la sinceridad, la buena fe, la sencillez, la suficiencia u otras.

Meditaciones, Libro III

Lo que fuere naturalmente bueno, ¿qué otra cosa necesita, como no la necesita la ley, la verdad, la benevolencia, el pudor? ¿Cuál de estas virtudes es buena por el hecho de ser alabada, o cuál, por ser criticada, se deteriora? ¿Pierde valor la esmeralda porque no se la elogia? ¿Y el oro, el marfil, la púrpura, la lira, la espada, la florecilla, el árbol?

Meditaciones, Libro IV

Un instrumento, un objeto, un aparejo cualquiera, si sirve para lo que fue construido, tiene su aprecio; aunque, en este caso, esté ya ausente el que lo dispuso. Mas cuando se trata de seres producidos por una naturaleza, la virtud constructiva se queda dentro y reside en ellos. Según lo cual conviene respetarla, y, aun más, persuadirte de que si, en cuanto depende de ti, te comportas y perseveras conforme con lo que ella quiere, todo para ti sucederá a la medida de tu deseo. Del mismo modo acontecen totalmente sus cosas como él apetece.

Meditaciones, Libro VI

Cuando desees alegrar tu corazón, ponte a considerar la ventajosa superioridad de tus compañeros, por ejemplo, la laboriosidad de este, la circunspección de aquel, la liberalidad de uno y cualquier prerrogativa de otro. Nada nos deleita tanto como los ejemplos de las virtudes que resplandecen en la conducta de los compañeros y nos entran por los ojos como apiñadas en tropel. Por esto conviene tenerlas a mano siempre.

Meditaciones, Libro VI

Adórnate con la sencillez, la modestia y la indiferencia acerca de las cosas de suyo medias entre la virtud y el vicio. Ama al linaje humano. Toma a Dios como guía.

Meditaciones, Libro VII

Lo principal es que no te turbes, pues todo acontece según lo ordena la naturaleza universal, y dentro de poco no serás ya nadie, sin dejar rastro en ninguna parte, lo mismo que Adriano, lo mismo que Augusto. Después, teniendo los ojos fijos sobre tu obra, indágala en sí misma, y, reflexionando que lo que te conviene es ser hombre virtuoso, ejecuta derechamente y de la manera que te parezca más justa lo que reclama de ti la naturaleza humana; solo que has de hacerlo con intención sana, con modestia y sin doblez.

Meditaciones, Libro VIII

En la constitución de una naturaleza racional no veo virtud alguna que se oponga a la justicia; pero contra el deleite, veo la continencia.

Meditaciones, Libro VIII

No consiste en los afectos, sino en las acciones, el bien o el mal del viviente racional y sociable, de igual modo que su virtud y su vicio no están en lo que padece sino en lo que ejecuta.

Meditaciones, Libro IX

Todo lo que acontece sucede en tal conformidad que eres naturalmente capaz de aguantarlo o naturalmente incapaz de aguantarlo. Ahora bien: si te acontece algo que seas hombre para soportarlo, no te irrites; antes bien, sopórtalo según la medida de tus fuerzas. Si, por el contrario, es algo que no eres capaz de soportar naturalmente, no te irrites tampoco, pues acabaría por consumirte. Con todo, ten presente que estás dotado de una virtud natural para sobrellevar todo lo que tu opinión puede presentar como soportable y llevadero, juzgando que tu interés o tu deber te lo impone.

Meditaciones, Libro X

Nadie es tan afortunado que en su última hora no tenga a su lado quien se alegre del triste acontecimiento. Si era hombre virtuoso y sabio, al cabo no dejará de haber quien diga para sus adentros: «¿Va a dejarnos respirar, al fin, este pedante? En realidad, con ninguno de nosotros era demasiado severo; pero yo notaba que nos reprendía en silencio». Esto, pues, se dice del hombre virtuoso. Que, por lo que respecta a nosotros, ¡cuántas otras razones hay para que no pocos deseen verse libres de nuestra compañía! Si pensares en esto estando para morir, partirías más fácilmente gracias a estas reflexiones.

Meditaciones, Libro X

¡Qué perverso y fingido es el que dice: yo he decidido conducirme limpiamente contigo! ¿Qué haces, pobre amigo mío? No es necesario andarse por las ramas. Esto se verá por sí mismo; debe leerse en tu rostro; inmediatamente suena esto en tu voz; al punto se manifiesta en tus ojos, así como la persona amada conoce todo al instante en las miradas de sus amantes. En suma, el hombre recto y virtuoso debe ser tal cual es el que huele a sobaquina, de manera que quien se le acercare sienta, quiera el otro o no quiera, desde el primer momento, lo que es en realidad. Pues la afectación es arma de doble filo. Nada hay más odioso que la amistad de lobo. Evita este vicio más que los demás. El hombre de veras bueno, recto, benévolo manifiesta estas cualidades en sus ojos sin poder ocultarlas.

Meditaciones, Libro XI

La práctica de
la virtud

Sobre el carácter

Según el canon estoico, la práctica de la virtud es suficiente para alcanzar la *eudaimonia*, es decir, una vida bien vivida, o lo que es lo mismo: la felicidad. Para ello, el sabio debe consagrar su existencia a la práctica diaria de las cuatro virtudes cardinales —sabiduría, valentía, justicia y templanza o moderación—, siempre con su voluntad de acuerdo a la naturaleza.

La virtud estoica se refleja en la *praxis*: es una ética del comportamiento. Fijarse en lo que un individuo hace, y no en lo que dice, es para el estoicismo el rasgo principal del carácter, el mejor indicativo de la filosofía vital de una persona. Si bien el destino o *fatum* es ineluctable, nuestras acciones, pensamientos y reacciones están bajo nuestro control, y es en ese campo de batalla donde el estoico forma su carácter. Las máximas del templo de Apolo en Delfos inciden en ello: «Conócete a ti mismo» y «Nada en exceso». A través de la templanza y el control de sí mismo, moderando las emociones destructivas que lo desvían de la senda del conocimiento y del perfeccionamiento moral, al sabio con la mente clara y desprejuiciada le es permitido comprender la razón universal o *logos*.

Hija de la teoría del *logos* es la lógica estoica, que establece la existencia de una racionalidad inmanente al universo que tiene correspondencias con la racionalidad humana. La lógica es el ámbito de la filosofía encargado de acompasar esa racionalidad interna del ser humano con la racionalidad inmanente externa. El lenguaje articulado que nos permite describir la realidad y establecer argumentos sobre los acontecimientos que vivimos es una de las dos formas en que se presenta el *logos* en el ser humano; la otra es el ejercicio de la razón. Por eso el deber de una persona es vivir conforme a la razón.

El juicio de valor, aquel que se genera a partir de una experiencia real, puede ser equivocado o correcto. De ahí la importancia de la lógica, que permite distinguir qué juicio de valor puede ser verdadero y qué juicio de valor no puede ser verdadero o es necesariamente falso. El discurso humano, pues, debe poseer atributos éticos y prácticos para facilitar la comunicación de modo eficiente.

Cinco son las excelencias del estoico en el lenguaje destacadas por el historiador griego Diógenes Laercio (s. III), estudioso de las filosofías clásicas y helenísticas. En primer lugar, pureza: huir de la ambigüedad en el discurso, ceñirse a la verdad y evitar cualquier manipulación o tergiversación. En segundo lugar, claridad: el discurso puro no solo lo es por la exactitud con que se hilan las oraciones y se expresan las ideas, sino también por la precisión con que las interpreta el interlocutor. Tercero, concisión: la economía, ya sea verbal o escrita, facilita la comunicación; lo bueno, si breve, no solo es bueno por partida doble, también es eficaz. Cuarto, afinación del tema: el discurso debe acomodarse a su intención, sin desviaciones ni contenido superfluo. Quinto y último, distinción: es esencial expresarse con gracia, de manera artística sin tropezar con la grandilocuencia, donde el estilo ponga de relieve la calidad del pensamiento.

Durante la *paideia*, que era el nombre que recibía en la antigua Grecia el proceso de educación de los niños, se transmitían los valores éticos (saber ser) y los conocimientos técnicos (saber hacer) necesarios para vivir en la *polis*. El lenguaje, en tanto vía primaria para comprender el mundo, resultaba fundamental en la formación de una persona virtuosa ya desde su infancia. Y constituía, asimismo, un medio para alcanzar el ideal del sabio, pues el uso del lenguaje requiere de una actitud ética y de una voluntad para comunicarse de manera efectiva, es decir, útil a la sociedad.

El lenguaje, además, atesora un aspecto trascendental. En armonía con la naturaleza, el sabio que ha alcanzado las cimas del conocimiento dialoga en su interior con un interlocutor en el territorio del *logos* que gobierna el cosmos, como si de una partícula divina se tratara.

CICERÓN

¿Acaso te arrepentías, después de haber protagonizado tan ilustres acciones por el bienestar de la República, de tu suerte, o de tu prestigio, o de tu distinción, o de tu gloria? ¿Por qué, entonces, de repente ese cambio tan grande? No puedo dejarme incitar a sospechar que te hayas dejado cautivar por el dinero. Es lícito que lo diga quienquiera a quien le plazca, pero no hay por qué creerlo. En efecto, nunca he conocido en ti infamia o bajeza alguna. Y aunque algunas veces los que conviven con alguien en la misma casa pueden llegar a depravar a uno, yo doy testimonio de tu firmeza. ¡Ojalá que, como la culpa, así hubieses podido evitar incluso la sospecha! Temo más que, despreciando el verdadero camino que conduce a la gloria, pienses que es algo glorioso poder más tú solo que todos y que prefieras ser temido por tus propios conciudadanos antes que amado. Pues si piensas así, desconoces completamente el sendero de la gloria: ser un ciudadano amado, prestar buenos servicios a la República, ser alabado, ser honrado con honores, ser estimado es glorioso; por el contrario, ser temido y merecer el odio es repugnante, despreciable, estúpido, pasajero. Vemos que también en una tragedia esto fue pernicioso para la propia persona que dijo: «Que me odien con tal de que me teman», ¡Ojalá, M. Antonio, te acordases de tu abuelo! No obstante, mucho me has oído contarte sobre él y esto con muchísima frecuencia. ¿Piensas acaso que aquel hubiese querido merecer la inmortalidad a costa de ser temido por la impunidad dada al uso violento de las armas? Su vida, su dicha, era ser igual a los demás en el disfrute de la libertad, pero ser el primero en la consideración de sus conciudadanos.

Primera Filípica de Marco Tulio Cicerón contra Marco Antonio

Ciertamente, Dolabela, no sería justo que montaseis en cólera contra mí porque hable en defensa de la República. Aunque, ciertamente, no creo que tú lo vayas a hacer —conozco tu buen carácter—. Dicen que tu colega está contento con su suerte, que a él personalmente le parece buena —aunque a mí, por no decir algo más grave, me parecería más afortunado si imitase el consulado de sus abuelos y de su tío materno—, pero oigo que se ha vuelto un hombre colérico. Veo además qué peligroso resulta tenerlo enfadado y armado, sobre todo cuando es tan grande la impunidad de la que gozan las espadas. Pero he de proponerle un trato, a mi juicio, justo, que no creo que M. Antonio vaya a rechazar. Si algo digo que sea injurioso sobre su vida o sus costumbres, no protestaré por el hecho de que con motivo de ello se convierta en acérrimo enemigo mío; pero si mantengo la habitual forma de comportarme que siempre he mostrado en la vida pública, esto es, si digo con libertad lo que siento sobre la situación de la República, le suplico, en primer lugar, que no monte en cólera; en segundo lugar, si no consigo esto primero, le pido que, pese a su cólera, me trate como corresponde a un ciudadano. Que se sirva de las armas, si así es necesario, como dice, para defender su causa; pero que esas armas no hagan mal a aquellos que han dicho en defensa de la República lo que a ellos personalmente les pareció adecuado. ¿Qué puede ser más justo que esta súplica? Pero si, como se me ha dicho por algunos de sus íntimos, cualquier discurso que se opone a sus deseos lo ofende gravemente, aunque no contenga injuria alguna, soportaremos el mal carácter de nuestro amigo. Y aquellos también me dicen: «No te será permitido, a ti que fuiste adversario de César, lo mismo que a su suegro Pisón»; y hay quienes nos advierten esto, de lo que tendremos gran cuidado: «La enfermedad no será un motivo más legítimo que el peligro de muerte para no acudir al Senado».

Primera Filípica de Marco Tulio Cicerón contra Marco Antonio

De acuerdo, aceptemos que tanta estupidez esté siempre presente en tus palabras, ¡cuánta mayor, entonces, ha de ser la de tus actos y tus juicios!

Segunda Filípica de Marco Tulio Cicerón contra Marco Antonio

Y en cuanto al hecho de mencionar la colina capitolina, no quiero calificarlo de osadía —pues le gusta ser considerado un hombre osado—, sino, lo que no le agrada en absoluto, de enorme estupidez, en la que a todos vence. ¿No es así acaso cuando están distribuidos entre nuestros bancos hombres armados?, ¿cuando en este mismo santuario de la diosa Concordia, ¡por los dioses inmortales!, en el que durante mi consulado se pronunciaron tantos discursos tendentes a la salvación de la patria gracias a los cuales hemos vivido hasta el día de hoy, unos esbirros armados de espadas nos imponen su presencia? Acusa al Senado; acusa al estamento ecuestre, que entonces prestó su apoyo al Senado; acusa a todos los estamentos, a todos los ciudadanos si quieres, con tal de que reconozcas que este estamento está rodeado en estos mismos instantes por arqueros itureos. No dices todo esto tan insolentemente como consecuencia de tu arrogancia, sino porque no te das cuenta de la enorme contradicción que todo ello supone. Eres, sin duda alguna, un completo imbécil. ¿Qué mayor necedad puede haber que, cuando tú mismo empuñas unas armas funestas para la República, censurar a otro por haberlas empuñado para la salvación de la misma? Pero además en

un momento dado quisiste mostrarte gracioso. ¡Qué poco se adecuaba esto a tu carácter, por los dioses inmortales! Tú mismo tienes, no obstante, también algo de culpa, pues pudiste haber aprendido a tener algo de gracia de tu mujer la cómica. «Cedan las armas ante la toga».[4] ¿Cómo? ¿Acaso no cedieron entonces? Desgraciadamente, después la toga se ha visto obligada a ceder ante tus armas. Veamos, así pues, si es mejor que las armas de los criminales cedan ante la libertad del pueblo romano o que ceda más bien nuestra libertad ante tus armas. Y no quiero alargarme respondiéndote a tu crítica de mis versos, brevemente he de decir tan solo que tú ni conoces el verso ni la literatura en general, que yo nunca he dejado de asistir a la República ni a mis amigos y que, pese a ello, con mis obras de todo tipo he conseguido que mis vigilias y mis escritos sean útiles a la juventud y motivo de gloria para el nombre de Roma. Pero esto no es pertinente en estos momentos, ocupémonos de otros asuntos de mayor importancia.

Segunda Filípica de Marco Tulio Cicerón contra Marco Antonio

¡Cuántos días te has entregado a todo tipo de infames orgías en esa finca! Desde la hora tercia se bebía, se jugaba a los dados, se vomitaba. ¡Qué desdichados techos, «a qué propietario tan distinto» servían! Aunque Antonio no puede considerarse de ningún modo su legítimo propietario, no obstante, ¡por qué persona tan distinta eran habitados! M. Varrón quiso que aquella finca fuese el retiro en el que poder dedicarse a sus trabajos literarios, y no en el que entregarse a todo tipo de excesos. ¡Qué conversaciones se habían sostenido antes en esa finca! ¡Qué pensamientos habían nacido allí! ¡Qué obras se habían escrito! En ellas se habían recogido las leyes del pueblo romano, las costumbres de nuestros mayores, la

4. Cita de un poema del propio Cicerón, *Sobre su consulado*. El verso completo sigue: «Ceda con ellas la corona de laurel ante la gloria civil». *(N. del E.)*.

explicación de toda nuestra filosofía y de todos nuestros conocimientos. Sin embargo, siendo tú su inquilino —que no su propietario—, se oían por todas partes los gritos de los borrachos, los suelos estaban inundados de vino y las paredes impregnadas de él; jóvenes inocentes convivían con degenerados, prostitutas con madres de familia.

Segunda Filípica de Marco Tulio Cicerón contra Marco Antonio

César regresó de Alejandría. Se consideraba un hombre favorecido por la diosa Fortuna, aunque, a mi juicio, nadie que se comporte como un enemigo de su patria puede considerarse un hombre afortunado. Un asta fue clavada ante el templo de Júpiter Estator y los bienes de Gn. Pompeyo —¡desgraciado de mí, que no me quedan ya lágrimas y, no obstante, aún permanece inamovible en mi pecho un gran dolor!—, los bienes, repito, de Gn. Pompeyo Magno quedaron sometidos a la crudelísima voz del subastador público. Este hecho fue el único que llevó a los ciudadanos a que, olvidándose de su esclavitud, dejasen oír un grito de dolor, y aunque sus espíritus estaban esclavizados, pues el miedo dominaba todos sus actos, ese grito del pueblo romano fue ciertamente el propio de una ciudad libre. Cuando todos aguardaban expectantes quién sería tan sacrílego, tan insensato, tan enemigo de los dioses y de los hombres como para atreverse a acudir a aquella criminal subasta, nadie apareció salvo Antonio, sobre todo cuando tantos había en torno a aquella asta que se atrevían a todo tipo de infamias. Sin embargo, solo Antonio se atrevió a perpetrar el crimen que la osadía de todos los demás había rehuido y ante el que se había acobardado. ¿Acaso se apoderó de ti una ofuscación tan grande o, para hablar con más propiedad, una locura tan grande como para no darte cuenta de que, por el hecho, en primer lugar, de presentarte como licitante pese a tu noble linaje, y además como licitante de los bienes de Pompeyo, te convertías en un ser execrable al pueblo romano, abominable a sus ojos, y de que lo serías eternamente?, ¿de que todos los dioses y todos los hombres serían desde ese momento y para siempre tus enemigos? ¡Y con qué insolencia esa bestia voraz se lanzó rápidamente en posesión de los bienes de Pompeyo, ese gran hombre por cuyo valor el pueblo romano era más temido por las razas extranjeras, pero también más querido gracias a su justicia! A continuación, tan pronto como se vio rodeado por las riquezas de tan gran hombre, saltaba de alegría como ese personaje de la comedia: «¡Hace un instante, pobre; de repente, rico!». Pero como dice no sé qué poeta: «Los bienes mal adquiridos mal aprovechan».

Segunda Filípica de Marco Tulio Cicerón contra Marco Antonio

Ciertamente, no debe pedirse mucha sensatez a quien nunca está sobrio. Pero comprobad además su mala fe. Con muchos meses de antelación dijo en el Senado que o bien impediría, sirviéndose de los auspicios, que se celebrasen las elecciones en que Dolabela había de ser elegido, o bien haría lo que efectivamente hizo. Pero ¿quién puede adivinar qué mal presagio se presentará en los auspicios, sino el que ha decidido observar el cielo? Sin embargo, las leyes prohíben hacerlo durante la celebración de los comicios, y si alguien ha observado el cielo cuando aún no se han celebrado los mismos, sino antes de que así suceda, debe anunciar los resultados. Por ello, la mala fe se une a la ignorancia: ni sabe lo que debe saber un augur ni hace lo que debe hacer un hombre honrado. Recordad a continuación su consulado desde aquel día hasta los idus de marzo. ¿Qué subordinado hubo alguna vez tan ínfimo, tan sometido a su superior? Carecía de poder alguno, todo debía suplicárselo a César. Introduciendo su cabeza en la silla de manos de su colega,[5]

5. César, también cónsul. *(N. del E.).*

solicitaba a este beneficios que pudiese vender. He aquí que llega el día de los comicios en los que Dolabela debía ser elegido cónsul. Se sortea qué centuria ha de votar primero. Calla. Se anuncia el resultado. Permanece en silencio. Es llamada a votar la primera clase. A continuación, como es costumbre, se llama a las seis restantes centurias de los caballeros; y luego a la segunda clase. Todo esto se produce mucho más rápidamente de lo que yo tardo en contarlo. Cuando todo hubo finalizado, nuestro buen augur —se diría que un nuevo G. Lelio— dice: «Para otro día». ¡Qué extraordinario descaro! ¿Qué habías visto?, ¿qué habías advertido?, ¿qué habías oído? Ni entonces dijiste haber observado el cielo ni hoy dices haberlo hecho. Se produjo, en consecuencia, ese mal augurio que ya en las calendas de enero habías previsto que se produciría y que habías anunciado con tanta antelación. Espero, ¡por Hércules!, que el hecho de haber anunciado unos falsos auspicios cause tu propia desgracia y no la de la República. Implicaste al pueblo romano en un sacrilegio; como augur anunciaste malos augurios a un augur y como cónsul a un cónsul. No quiero añadir nada más para que no parezca que pretendo anular las actas de Dolabela, aunque forzosamente algún día estas han de ser sometidas al juicio de nuestro colegio de augures. Pero ved la arrogancia y la insolencia de Antonio.

Segunda Filípica de Marco Tulio Cicerón contra Marco Antonio

El miedo, que no es un duradero maestro de nuestros deberes, hacía que te comportases como un hombre de bien; luego, esa arrogancia que no se aparta de ti cuando nada tienes que temer te hizo de nuevo un miserable. Pero ya por entonces, cuando todos salvo yo te consideraban un hombre excelente, presidiste como el mayor de los criminales el funeral en honor del tirano, si es que aquello pudo considerarse un verdadero funeral. Pronunciaste aquel elogio fúnebre tan bien preparado, te lamentaste por lo ocurrido, exhortaste al pueblo a reaccionar.

Segunda Filípica de Marco Tulio Cicerón contra Marco Antonio

SÉNECA

«Desfiguras —dice— lo que yo digo; puesto que yo niego que nadie puede vivir a placer sin vivir al mismo tiempo honestamente, cosa que no puede suceder a los irracionales ni a los hombres que miden su bien por la comida. Claramente, paladinamente —dice— yo confieso que esta vida que yo llamo jocunda no puede darse sin la compañía de la virtud». Pero ¿quién ignora que algunos hombres estultísimos están ahítos hasta el regüeldo de vuestros placeres, que la maldad tiene abasto de placeres, que el alma misma sugiere abyectos y numerosos géneros de deleite? En primer lugar, sugiere la insolencia, la estimación demasiada de sí mismo, el engreimiento de la altivez y del descollar sobre los otros, el amor ciego y arbitrario de las cosas propias, las delicias de la vida muelle, los jubilosos transportes por menguadas niñerías; luego la dicacidad, la soberbia que se goza con los ultrajes, la desidia y relajamiento de un alma indolente que se aduerme a sí misma. Todas estas cosas sopésalas la virtud y las tira de la oreja, justiprecia los placeres antes de admitirlos ni tiene en gran estima aquellos que acaso probó; pues cautamente los admite y se contenta no con su uso sino con su templanza. Mas la templanza, puesto que disminuye los placeres, es una injuria al bien sumo. Tú te abrazas con el placer, yo lo modero; tú lo gozas, yo lo uso; tú crees que es el sumo bien, yo creo que no es ni bien; tú lo haces todo por causa del placer, yo nada.

De la vida feliz, X

«Les irá mal —dice— porque les saltean muchos accidentes que perturban su espíritu y la colisión de opiniones contrarias pone inquietud en su mente». Reconozco ser así, pero, no obstante, estos mismos insensatos, aunque versátiles y puestos bajo el martillo del remordimiento, experimentarán intensos deleites, de manera que tienes que confesar que entonces están tan lejos de toda molestia como de toda cordura y, cosa que ocurre a muchos, enloquecen de jovial mentecatez y su frenesí estalla en carcajadas. En cambio, los goces del sabio son tasados, son modestos y casi mustios, recatados que apenas asoman, porque ni vienen porque sean invitados ni por más que se acercaren espontáneamente se les tiene en ningún honor ni se les disfruta con ningún gozo; porque el sabio los mezcla y los interpola en la vida como en la seriedad se intercalan los juegos y los discreteos.

De la vida feliz, XII

Juzga ahora si un ladrón, o un calumniador, o un vecino insolente, o un rico cualquiera ejerciendo aquella suerte de realeza que da una vejez huérfana de hijos puede hacer injuria a quien ni la guerra ni el enemigo, y tal enemigo, ducho en el glorioso arte de arrancar ciudades de cuajo, pudieron arrebatarle nada. Entre las espadas por todas partes relumbrantes y entre el tumulto militar del botín, entre las llamas y la sangre y las ruinas de una ciudad entrada a saco, entre el derrumbamiento fragoroso de los templos que se desplomaban encima de sus dioses, solo un hombre conservó la paz. No hay, pues, razón para que juzgues atrevida la promesa que te hice, porque, si tuvieres de mí poco crédito, te daré fiador. Y, si te cuesta creer en tanta firmeza y tanta grandeza de espíritu en un hombre, él mismo saca el pecho y dice: «No hay por qué dudar de que quien nació hombre puede elevarse sobre la condición humana y contemplar serenamente los dolores, los daños, las tribulaciones, las heridas, los seísmos que rugen a su alrededor, y soportar apaciblemente las cosas duras y con moderación las prósperas, sin rendirse por aquellas ni confiar en estas manteniéndose siempre él mismo en tanto tropel de azares y no teniendo por suyo sino a sí mismo y aun esto en la parte que es mejor. Aquí estoy yo mismo para serte ejemplo: bajo este destruidor de tantas ciudades, hiéndanse las murallas al embate del ariete; desmorónense súbitamente las torres altaneras por minas o por cavas subterráneas; crezcan sus baluartes hasta igualar las más altas ciudadelas; mas no podrá hallarse máquina alguna que conmueva al alma bien fundada. Me he librado de las ruinas de mi casa y he huido en medio de la sangre y las llamas que de todas partes estaban relumbrando. No sé qué destino habrá tocado a mis hijas ni si este es peor que el de mi patria; solo, viejo y viendo en derredor mío cómo todo me es hostil, no obstante, afirmo que toda mi herencia queda íntegra e incólume: conservo, retengo todo lo que tuve mío. No tienes por qué juzgarme vencido ni que te creas vencedor; ha sido tu fortuna la que ha vencido la mía. No sé en dónde están las cosas caducas que varían de dueño; por lo que toca a mis cosas, conmigo están y estarán conmigo. Aquí los ricos perdieron sus patrimonios; los libidinosos, sus amores y sus amigas amadas al precio carísimo del pudor; los ambiciosos, la curia y el foro y los lugares consagrados al ejercicio público de todos los vicios; los usureros perdieron los registros donde la avaricia falsamente alegre anota riquezas imaginarias; pero yo conservo enteros e intactos todos mis bienes. Pregunta a estos que lloran, que se lamentan, que para defender su dinero oponen sus pechos desnudos a las espadas desnudas y a los que huyen del enemigo con el halda colmada». Ten, pues, por cierto, oh,

Sereno, que el varón perfecto, lleno de virtudes humanas y divinas, nada pierde. Sus bienes están cercados de murallas sólidas e inexpugnables. No las compares con los muros de Babilonia, en que penetró Alejandro, ni con las defensas de Cartago o de Numancia, que tomó una misma mano, ni con el Capitolio y su ciudadela, que tiene señales de los enemigos. Las murallas que defienden al sabio están seguras del fuego y del asalto; ningún portillo ofrecen porque son excelsas, inexpugnables, iguales a las moradas de los dioses.

De la constancia del sabio, VI

Además de esto, la justicia no puede sufrir lo injusto, porque las cosas contrarias no se compadecen; pero la injuria no puede hacerse sino injustamente; luego al sabio no se puede hacer injuria. Y no hay de que te admires si ninguno puede hacerle injuria, pues tampoco nadie le puede favorecer. Al sabio nada le falta que pueda recibir en lugar de dádiva y el malo nada puede darle digno del sabio; es necesario primero tener que dar; pero el malo nada tiene de cuya adquisición pueda el sabio alegrarse. Ninguno, pues, puede dañar al sabio o beneficiarle porque las cosas divinas ni desean ayuda ni temen detrimento, y el sabio está muy próximo a los dioses y excepto en la mortalidad es semejante a Dios. Con su esfuerzo por caminar hacia aquellas cosas excelsas, reguladas, intrépidas y que discurren con curso igual y concorde, seguras, benignas, nacidas para el bien público, saludables a sí y a los demás, nada abyecto codiciará, ni deplorará nada. Aquel que estribado en la razón pasare por los casos humanos con ánimo divino no tiene lugar donde recibir injuria. ¿Piensas que solo de parte de los hombres no puede recibir injuria? Pues digo que tampoco de la fortuna, la cual siempre que con la virtud tuvo encuentros, nunca se retiró igual a ella. Si aun aquella prueba suprema, fuera de la cual ya no queda amenaza alguna ni a las leyes irritadas ni a los dueños cruelísimos, y en la cual la fortuna termina su imperio, la recibimos con ánimo plácido e igual sabiendo que la muerte no es un mal y por ende ni una injuria tampoco, con mucha mayor facilidad llevaremos todas las demás contrariedades, daños, dolores, afrentas, ignominias, mudanzas de lugares, duelos de familia, separaciones; todas las cuales cosas, aunque cercaren al sabio, no le anegan, ni sus acometimientos, uno por uno, le dejan mohíno ni desabrido. Si soporta con moderación las injurias de la fortuna, ¡cuánto más las de los hombres poderosos, sabiendo que son los instrumentos de ella!

De la constancia del sabio, VIII

Así es, y no mudo de parecer: huye de los muchos, huye de los pocos; huye aun de uno solo. No se me ocurre nadie con quien querría que te comunicases. Y ve el concepto en que te tengo: me atrevo a entregarte a ti mismo. Dicen que Crates, discípulo de aquel mismo Estilbón que menté en mi anterior epístola, reparando en un mancebo que paseaba separado de los otros, le preguntó qué hacía allí solo. Él respondió: «Hablo conmigo mismo». Crates le replicó: «Guarda, te ruego, y atiende con todo cuidado. Hablas con un mal hombre». Acostumbramos vigilar al afligido y al pusilánime para que no abusen de su soledad. Ningún imprudente debe ser abandonado en manos de sí mismo; entonces, asoman las malas intenciones; entonces maquinan bien para sí, bien para los otros futuros peligros; entonces urden el cumplimiento de los malos apetitos; entonces el ánimo saca afuera todo lo que encubrían el miedo o el pudor; entonces afila la audacia, irrita la libídine, azuza la ira. En una palabra, la única ventaja que tiene la soledad, a saber: no confiar nada a nadie ni temer al delator, está perdida para el necio: él mismo se delata. Veas, pues, lo que espero de ti, o mejor, lo que me prometo a mí mismo (pues esperanza se llama el bien incierto); no hallo nadie con quien puedas estar mejor que contigo. Evoca mi memoria la valentía con que pronunciaste determinadas palabras; y cuán llenas de reciedumbre. Me felicité por ellas inmediatamente a mí mismo y me dije: «No salen estas palabras de flor de labios; estas voces tienen su profundidad; este hombre no es uno del montón; este hombre aspira a la verdadera salud». Así habla; así vive; guárdate que ninguna cosa te deprima. Agradece a los dioses tus anhelos antiguos y concibe otros de nuevos; pídeles cordura, buena salud del alma y luego también del cuerpo. ¿Por qué no has de renovar con frecuencia estos deseos? Ruega a Dios con gran audacia; nada le pedirás que sea ajeno a ti. Pero para enviarte, como es costumbre mía, esta carta con algún pequeño don, ahí va esta verdad que he hallado en Atenodoro: «Sabe que entonces serás quito de toda suerte de codicia cuando llegares a un grado tal que no pidas a Dios sino cosas que puedas pedirle en público». ¡Cuánta es la locura de los hombres de hoy día: murmuran en las orejas de los dioses deseos vergonzosísimos! Si alguno acercare la suya, callarían; lo que no quieren que el hombre sepa lo cuentan a Dios. Procura que jamás se te pueda prescribir este remedio: vive con los hombres como si Dios te viese; habla a Dios como si los hombres te oyeran. Ten salud.

De la soledad, X

¿Piensas que voy a escribirte cuán humanamente este invierno nos trató, que fue templado y breve, qué maligna es la primavera, cuán fuera de sazón el frío y otras bagatelas de la gente charladera? Escribirte he alguna cosa que a ti y a mí nos sea de provecho. ¿Y qué puede ser sino una exhortación a la cordura? ¿Me preguntas cuál es su fundamento? Que no te goces con las cosas vanas. Te dije que este era el fundamento, pero, en realidad, es la cumbre. A la cumbre llegó el hombre que sabe de qué ha de gozarse, el que no puso su felicidad en poder ajeno; en cambio, anda solícito y no está seguro de sí mismo aquel a quien acucia alguna esperanza, aunque la tenga al alcance de su mano, aunque no sea difícil de conseguir, aunque no le hayan decepcionado jamás las esperanzas anteriores. Haz esto ante todo, mi caro Lucilio; aprende a gozar. ¿Piensas que yo ahora voy a privarte de muchos placeres, yo que te sustraigo los que te acarrea el azar, yo que creo que deben evitarse las ilusiones de la esperanza, regalos dulcísimos? Al contrario, yo quiero que nunca te falte alegría; yo quiero que ella nazca en tu casa, y nacerá siempre que se halle dentro de ti mismo. Los restantes goces no llenan el pecho; desarrugan el ceño, son livianos, si ya no crees que goza aquel que se ríe. El alma es quien debe estar alegre y confiada y enhiesta sobre todas las cosas. Créeme, el verdadero gozo es una cosa muy seria. ¿Es que tú crees que un hombre de aspecto desenvuelto y, como dicen nuestros melindrosos, de rostro jovial, menosprecia a la muerte, abre generosamente su puerta a la pobreza, mantiene los deleites bajo freno, medita la paciencia del dolor? Quien se ejercita en estos sentimientos austeros fruye un gozo grande, pero poco halagador. En la posesión de ese gozo quiero que tú estés. Nunca te faltará si una vez hubieres dado con el manantial de donde brota. Las minas de los metales pobres son someras; aquellos son riquísimos metales cuya vena se esconde en la profundidad y recompensan más largamente el afán asiduo del minero. Estos otros goces en que se complace el vulgo tienen no más que un baño tenue y superficial; todo placer que viene de fuera carece de fundamento; estotro, de que te voy hablando, y al cual me esfuerzo por llevarte, es consistente y macizo y tiene de parte de dentro su satisfacción más colmada. Haz, yo te ruego, carísimo Lucilio, aque-

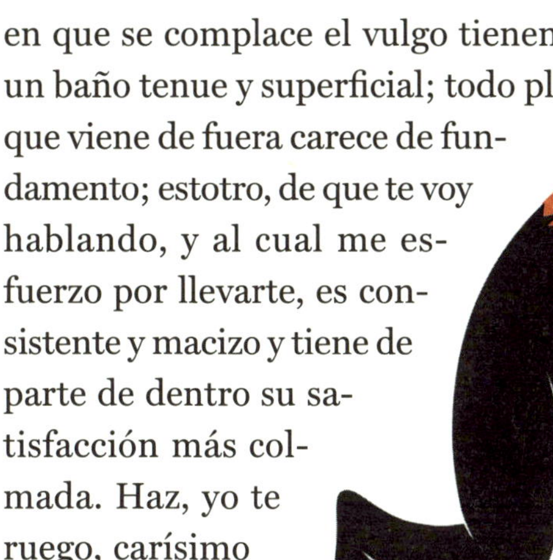

llo único que puede hacerte feliz; lanza y pon debajo de tus pies todo aquello que brilla por fuera, todo aquello que otro te prometió o que ha de venirte de otro. Aspira al bien verdadero y goza del tuyo. ¿Qué quiero decir con esto del tuyo? De ti mismo y de la mejor parte de ti mismo. El mismo cuerpecillo, aun cuando nada puede hacerse sin él, cree que es una cosa más necesaria que importante: sugiere deleites vanos, breves, seguidos de arrepentimiento y si no se los templa con una suma moderación degeneran en dolorosos. Así te lo digo: el placer es un deslizadero que resbala hacia el dolor si no se pone mesura en él. Pero poner en él mesura es difícil, porque crees que es cosa buena. El deseo del bien verdadero es seguro de todo punto. ¿Me preguntas cuál sea este bien verdadero y de dónde dimana? Te lo diré: de la buena conciencia, de las intenciones honestas, de las buenas acciones, del menosprecio de las cosas fortuitas, del tenor plácido y constante de la vida que huella siempre el mismo camino. Pues aquellos que saltan de unos propósitos en otros, o ni siquiera saltan sino que cualquier azar a ello los empuja, ¿cómo pueden tener, flotantes como son y vagorosos, nada permanente ni seguro? Contados son los que ordenan por la reflexión su vida y sus negocios; los demás, a guisa de los objetos que flotan en los ríos, no andan sino que son llevados. A los unos una onda más suave los sostuvo y los brizó más blandamente; a los otros una más brava los arrebató; a los otros, una próxima a la ribera allí los depositó en su curso lánguido; a los otros un impetuoso vórtice los echó en el mar. Por eso, hay que determinar lo que queremos y perseverar en ello. Esta es la hora de pagar con dinero ajeno, puesto que puedo remitirte una sentencia de Epicuro y franquear esta carta: «Es cosa molesta comenzar siempre la vida». O si de estotra manera puede expresarse mejor el sentido: «Mal viven los que comienzan siempre». «¿Por qué?», me preguntas. Esta sentencia exige una explanación. Siempre está sin acabar su vida. No puede estar preparado para la muerte quien apenas comienza a vivir. Hay que obrar de manera que siempre hayamos vivido lo bastante: no piensa esto ciertamente quien inaugura su vida a cada momento. No vayas a creer que sean esos pocos; son casi todos. Algunos comienzan cuando es hora de acabar. Si ello te extraña, añadiré una cosa que te extrañará más: algunos acabaron de vivir antes de comenzar. Ten salud.

Cartas a Lucilio, Carta XXII

«¿Tú me amonestas? —dices—. ¿Ya te amonestaste a ti mismo? ¿Ya te enmendaste para preocuparte de la enmienda ajena?». No soy tan procaz que estando enfermo me meta a hacer curaciones; sino que, hospitalizado como tú en el mismo sanatorio, hablo contigo de la dolencia que nos aqueja a ambos y te comunico los remedios. Así que escúchame como si hablase conmigo mismo. Te admito en mi secreto y en presencia tuya hago mi examen. A gritos me digo a mí mismo: cuenta tus años y te avergonzarás de querer las mismas cosas que quisiste cuando niño, y de abrigar los mismos proyectos. Hazte, al fin, este servicio a ti mismo cerca del día de tu muerte: mueren antes que tú los vicios. Dejo estos turbios deleites de tan costosa expiación; no dañan solamente los venideros, sino también los pasados. Así como los crímenes, aunque no fueron sorprendidos en su comisión no pasa con ellos el remordimiento, así también los placeres culpables tienen su escarmiento aun después de pasados. No son constantes, no son fieles; aun cuando no empezcan, son huidizos. Busca más aún en derredor tuyo algún bien que permanezca; y no hay otro sino el que el alma halla dentro de sí misma. Solo la virtud proporciona un gozo perpetuo, seguro. Por más que se interponga algún obstáculo, este interviene a manera de las nubes que se arrastran muy por debajo del cielo y no consiguen robar el día. ¿Cuándo será que pueda llegar a este gozo? Cierto es que no te detuviste todavía, pero es menester que te apresures. Es mucha la hacienda en la cual es preciso que pongas tus vigilias y tus trabajos si quieres llegar a perfecto; esta tarea no admite delegación. En otros géneros literarios, la colaboración es posible. Calvisio Sabino, de recuerdo mío, fue un hombre rico que poseía el patrimonio de un liberto y también el carácter. Nunca vi rico más repugnante. Tenía tan mala memoria que unas veces se le olvidaba el nombre de Ulises, otras el de Aquiles, ora el de Príamo, tan conocidos de él como nuestros maestros lo son de nosotros. Ningún nomenclátor viejo de los que no repiten los nombres, sino que se los inventan, no destroza tan horriblemente los nombres de la chusma de sus clientes como él los de los troyanos y los griegos; y con todo quería parecer erudito. Excogitó este medio expeditivo; gastó grandes caudales en compras de esclavos, uno que supiese de memoria a Homero; otro que decorase Hesíodo; y designó uno para cada uno de los nueve poetas líricos. No te maravilles si le costaron muy caros; no habiéndolos encontrado, los hizo enseñar. Así que se hubo proporcionado aquella familia, empezó a importunar a sus convidados. Tenía a sus pies a estos esclavos y pidiéndoles con frecuencia versos para repetirlos, muchas veces se detenía a media palabra. Le aconsejó Satelio Cuadrato, gran roedor de ricos fatuos y, como es consiguiente, su adulador, y lo que va junto con estas cualidades, donoso burlador, que se procurase gramáticos compiladores de vocablos. Al responderle Sabino que cada uno de los esclavos le costaba cien mil sestercios, replicó: «Por menos hubieras podido comprar otros tantos manuscritos». Pero él estaba muy persuadido de saber todo lo que en su casa sabía cada uno. El mismo Satelio empezó a aconsejarle que se dedicase a las luchas, él, enfermo, pálido, enclenque: «¿Y cómo puedo, si vivo apenas?». Sabino replicó: «Por vida mía, que no digas esto: ¿no ves cuántos esclavos valentísimos tienes?». La cordura no se presta ni se compra, y pienso que, si fuera venal, no tendría comprador. En cambio, la mentecatez se compra cada día. Recibe ya lo que te debo, y adiós: «La pobreza atemperada a la ley de la naturaleza riqueza es». Esto mismo dice Epicuro de una u otra forma. Pero nunca se dice demasiado lo que nunca se aprende demasiado. A algunos basta con mostrarles los remedios; a otros hay que imponérselos a viva fuerza. Ten salud.

Cartas a Lucilio, Carta XXVII

Mas, aun cuando fuese noble su vida y sin engaño, con todo no fueron sabios, pues este título está reservado para la obra perfecta. No obstante, no negaré que fueron hombres de espíritu generoso y, por decirlo así, recién salidos de las manos de los dioses. No es dudoso que el mundo, aún no cansado, producía seres mejores. Así como la disposición de cada cual fue más recia y más preparada para los trabajos; por lo mismo no tenían todos el talento consumado. La naturaleza no da la virtud; hacerse bueno es obra de arte. No buscaban ellos oro, ni plata, ni piedras lucientes en las fangosas entrañas de la tierra; y aún perdonaban la vida de los mudos animales; tan lejos estaban de que un hombre matase a otro hombre sin enojo, sin miedo, solo por el espectáculo. No se teñía aún su vestido; todavía el oro no se hilaba, ni siquiera se extraía de la rica vena. ¿Pues y qué? Eran inocentes por ignorancia; y va mucha diferencia entre que uno no quiera pecar o no sepa pecar. Les faltaba la justicia, les faltaba la prudencia; les faltaban la templanza y la fortaleza. Algunos lejos y barruntos de estas virtudes tenía aquella vida elemental; mas la auténtica virtud solo adviene a un alma instruida y adoctrinada y conducida a la perfección por una práctica constante. Para esto nacemos sin duda, pero sin esto; y aún en los mejor dotados, antes de que les enseñes, existe la materia de la virtud, pero no la virtud misma. Ten salud.

Cartas a Lucilio, Carta XC

EPICTETO

Aspirando, pues, a tan grandes cosas, ten presente que no debes permitirte inclinación alguna, por leve que sea, hacia la consecución de otras; debes saber que algunas de ellas puede que no las obtengas nunca, y que otras tantas pueden postergarse a otro tiempo. Pero, si las deseas, y también deseas el poder y las riquezas, puedes perder las segundas por el deseo de las primeras, y sin duda perderás aquellas que ayudan a conseguir la felicidad y la libertad.

Manual de vida, 4

Retira, pues, tu aversión de todas las cosas que no están en nuestro arbitrio, y ponla en las cosas indeseables que sí lo están. Por ahora contén del todo tus deseos, porque, si los diriges a cosas que no están en nuestro arbitrio, necesariamente saldrás mal. De las que están en nuestro arbitrio, aún no sabes cómo han de desearse con honestidad. Recurre, pues, a los movimientos internos de deseo o aversión, pero discretamente, con tacto y moderación.

Manual de vida, 7

Ten presente que en esta vida es menester comportarse como en un convite. ¿Llega un plato a ti? Alarga la mano y toma moderadamente. ¿Pasa de largo? ¿No ha llegado a ti? No extiendas hacia allá tu codicia, sino espera a que llegue. Procede así con tus hijos, con tu mujer, con los magistrados, con las riquezas, y serás digno convidado de los dioses. Si, además, no tomases nada de lo que te presentan, no solo serás convidado de los dioses, sino también consorte de su reino. Haciéndolo así, Diógenes, Heráclito y otros con razón eran tenidos por divinos, como así lo eran.

Manual de vida, 21

Ten siempre a tu vista la muerte, el destierro y demás cosas que se tienen por adversas, pero sobre todo la muerte. Así nunca tendrás en tu ánimo ninguna bajeza, ni anhelarás desmedidamente cosa alguna.

Manual de vida, 28

La risa, que no sea mucha, ni por muchas cosas, ni desmoderada.

Manual de vida, 43

El primero y más necesario lugar filosófico es el del uso de los principios, como el de «no mentir». El segundo el de las demostraciones, a saber, por qué no hemos de mentir. Tercero, el que confirma estas demostraciones y las distingue, como «¿Por qué razón es demostración esta?», «¿Qué cosa es demostración?», «¿Qué es consecuencia?», «¿Qué pelea?», «¿Qué verdad?», «¿Qué mentira?». Por esto el tercer lugar es necesario para el segundo, y el segundo para el primero. El primero es el más importante y en el que debemos descansar. Pero nosotros hacemos lo contrario: nos paramos en el tercero, ponemos en él todo nuestro cuidado y abandonamos del todo el primero. Así mentimos teniendo presente la demostración de que no se debe mentir.

Manual de vida, 76

MARCO AURELIO

De la buena fama y memoria legadas por quien me engendró, la circunspección y el carácter viril.

Meditaciones, Libro I

Debo a Rústico el haber comprendido la necesidad de enderezar mi carácter y vigilarlo de continuo; no haberme desviado hacia la hinchazón de la sofística, ni haber compuesto tratados teóricos ni esas obras retóricas que tienden a la persuasión; no intentar sorprender al público con ostentaciones de actividad o beneficencia; haber renunciado a la retórica y a la poesía y al estilo atildado; no pasearme por casa en toga, vedándome tales vanidades ceremoniosas; escribir llanamente mis cartas, a semejanza de aquella que él mismo escribió, desde Sinuesa, a mi madre; estar siempre dispuesto a doblarme y a reconciliarme prontamente con los que se me irriten o me ofendan, apenas ellos mismos deseen allegárseme; leer con reflexión, sin contentarme con una noticia superficial de los escritos; no dar fácil asenso a las personas que charlan de todo fuera de propósito; haber podido leer los escritos de Epicteto, que él me prestó de su biblioteca.

Meditaciones, Libro I

A Sexto, la benevolencia y el modelo de una casa patriarcal; la idea de la vida conforme a la razón natural; la gravedad sin afectación; la solicitud desvelada por los amigos; la tolerancia con los necios y los atolondrados; en suma, la armonía con todos; de este modo, su trato les ganaba con más atractivo que cualquier lisonja, y les inspiraba a la vez el más profundo respeto; la habilidad en descubrir con exactitud y método y en regularizar los principios necesarios para la vida; no haber nunca manifestado ni aun en apariencia señales de cólera u otra pasión, antes bien, poseer un carácter muy pacífico y, al mismo tiempo, entrañable; la propensión a la alabanza, pero con discreción; la vasta erudición, sin pedantería.

Meditaciones, Libro I

De Máximo, el señorío de sí mismo, sin dejarse arrastrar por las ocasiones; buen ánimo en todas las coyunturas, aun durante las enfermedades; la moderación de carácter, dulce y grave; el cumplimiento sin esfuerzo de cuantas tareas se tienen a cargo; el que todos confiaran que así sentía como decía, y que cuando obraba, lo hacía sin fin torcido; nada de asombro ni temor; nunca precipitación ni perplejidad, ni incertidumbre ni abatimiento, ni medias sonrisas seguidas de arrebatos de ira o desconfianza; la beneficencia, la facilidad en perdonar, la sinceridad; dar la sensación de hombre firme más bien que enderezado. Ninguno pudo imaginarse que Máximo le aventajara ni admitir que nadie le fuera superior; en fin, su urbanidad y cortesía.

Meditaciones, Libro I

Debo a los dioses el haber tenido buenos abuelos, buenos padres, una buena hermana; buenos maestros, buenos familiares, parientes y amigos casi todos buenos; el no haber faltado en nada a mi deber con ninguno de ellos, aun cuando, debido a mi carácter, hubiera podido, dada la ocasión, hacerlo; es, pues, un beneficio de los dioses el no haberse producido un concurso de circunstancias capaz de hacerme hoy avergonzar; no haber sido educado largo tiempo en casa de la concubina de mi abuelo; haber conservado sin mancillar la flor de mi juventud; no haber usado de una prematura virilidad; más aún, haber traspasado el tiempo oportuno; haberme supeditado a un príncipe, mi padre, que debía destruir en mí toda vanidad y hacerme comprender que se puede vivir en la corte sin tener necesidad de una guardia personal, de vestidos lujosos, de lámparas, de estatuas y otras cosas parejas y de tal pompa; y que, por el contrario, cabe muy bien ceñirse casi a la condición de un simple particular, sin proceder por ello indigna o negligentemente con relación a los deberes que impone la soberanía del Estado; haberme cabido en suerte un hermano,[6] capaz por su carácter de incitarme al cuidado de mí mismo y que, al mismo tiempo, me encantaba con su trato y su cariño; haber tenido hijos, ni ineptos ni contrahechos; no haber avanzado demasiado en la retórica, en la poesía y en los otros estudios que acaso me habrían absorbido si yo hubiese observado que adelantaba en ellos; haberme anticipado a los deseos de mis maestros, colocándolos en el grado de dignidad que me parecía deseaban, sin abandonarme a la esperanza de poder más tarde, dada su joven edad, efectuar mi deseo; haber conocido a Apolonio, Rústico, Máximo; haberme representado, claramente y a menudo, el sistema de una vida conforme a la naturaleza, de suerte que, en cuanto concierne a los dioses, a sus comunicaciones, socorros e inspiraciones, nada me impedía, desde entonces, vivir acorde con la naturaleza; y, si aún estoy lejos de ello, es por mi culpa y por haber desatendido las advertencias, mejor aún, las lecciones, de los dioses; la resistencia in-

6. Lucio Ceyonio Cómodo, más tarde conocido como Lucio Vero. Fue adoptado por Antonino Pío junto a Marco Aurelio, con quien se asoció como coemperador casándose con su hija Lucila. *(N. del E.).*

defectible de mi cuerpo a tal género de vida; no haber estado en contacto, ni con Benedicta ni con Teodoto; y más tarde, acosado por las luchas amorosas, haber jurado; aunque enojado a menudo contra Rústico, no haber hecho nada de que deba arrepentirme; el que mi madre, destinada a morir joven, pasó a lo menos cerca de mí sus postreros años; que, cuantas veces quise socorrer a un hombre indigente o que tenía por otra razón necesidad de ayuda, nunca oí que no hubiera dinero disponible; y no haber experimentado yo mismo la necesidad del socorro ajeno; haber tenido una tal consorte, tan obediente, tan apasionada, y tan sencilla; haber tenido en abundancia maestros capacitados para mis hijos; haber recibido, entre sueños, la revelación de diversos remedios, y especialmente para mis vómitos de sangre y mis vahídos de cabeza, y una especie de oráculo, a este propósito, en Gaeta; el no haber caído, cuando empecé a gustar la filosofía, en manos de un sofista, ni haberme dedicado al análisis de autores, o a resolver silogismos o a perder el tiempo en la física celeste. Todas estas gracias provienen necesariamente de los dioses benéficos y de la fortuna.

Meditaciones, Libro I

Las palabras otrora corrientes no son hoy más que términos del diccionario. De la misma suerte, los nombres de los héroes más celebrados en otros tiempos no son, en cierto sentido, más que vocablos caducados: tales son Camilo, Cesón, Voleso, Leonato; dentro de poco, Escipión y Catón; luego, Augusto, Adriano, Antonino. Todo pasa, y presto no es más que un nombre fabuloso; pronto lo sepulta el más completo olvido. Y hablo de los que en cierto modo han despedido alguna maravillosa lumbre; porque los otros, desde su último aliento, son desconocidos y silenciados. ¿Y qué es, en sustancia, el recuerdo inmortal? Solo el vacío. ¿A qué cosa, pues, aplicar las propias solicitudes? A esto, únicamente: a pensamientos rectos, a una conducta enderezada al bien común, a un lenguaje incapaz de engañar nunca a nadie, a una buena disposición de ánimo en abrazar todo lo que aconteciere, como necesario, como cosa sabida, derivada del mismo principio y de la misma fuente.

Meditaciones, Libro IV

Camina siempre por el atajo: y el verdadero atajo es el que sigue arreglado a la naturaleza. Por esto, habla y obra con la mayor cordura. Esta línea de conducta te librará de las fatigas, de la vida militar, de toda clase de administración, del alambicamiento de estilo.

Meditaciones, Libro IV

¿No puede admirarse en ti la agudeza de ingenio? Sea: pero tendrás otras cualidades, por las cuales no podrás disculparte, alegando: fui mal dotado. Conquístalas, pues, que dependen únicamente de tu arbitrio: la inalterabilidad, la gravedad, la resistencia, la continencia, la aceptación del destino, la moderación en los deseos, la benevolencia, la libertad, la sencillez, la seriedad, la magnanimidad. ¿No comprendes cómo podrías adquirir ahora estas cualidades, sin escudarte con el pretexto de una incapacidad natural o de insuficiente aptitud? Y en tanto, permaneces deliberadamente por debajo de tus posibilidades. ¿Acaso cuando murmuras de la vida, cuando te ases a ella, cuando te ensoberbeces, cuando echas la culpa de todo a la fragilidad de tu cuerpo, cuando buscas complacerte, cuando alardeas presuntuosamente, cuando tu alma experimenta todas estas oscilaciones, lo haces obligado por cortedad de aptitudes naturales? Por los dioses que no. Podías, tiempo ha, librarte de estos males, acusándote únicamente, en todo caso, de una demasiada lentitud de espíritu, de una excesiva indolencia en fijar tu aplicación. Pero sobre todo conviene también ejercitarte en ello, sin preocuparte ni estar bien hallado con esta inercia espiritual.

Meditaciones, Libro V

¿Comete alguien una falta contra mí? Él lo verá. Tiene su propio carácter y su propio modo de obrar. Yo, por mi parte, solo tengo en este momento lo que la naturaleza universal quiere que tenga al presente, y hago lo que mi naturaleza quiere que ponga por ahora en ejecución.

Meditaciones, Libro V

Toda alma —se afirma— está privada, a pesar suyo, de la verdad. Lo mismo le sucederá respecto de la justicia, la templanza, la benevolencia y de toda otra virtud semejante. Es absolutamente indispensable que a menudo te acuerdes de esto, pues así serás más indulgente con los demás.

Meditaciones, Libro VII

Habla, tanto en el Senado como ante cualquiera, con decencia y claridad: usa de un lenguaje sano.

Meditaciones, Libro VIII

Conviene ordenar toda tu vida en cada una de las acciones, y si cada una de ellas logra el fin que le corresponde, en cuanto sea posible, date por satisfecho. Y que ellas alcancen el fin correspondiente, ninguno puede impedírtelo.

—Pero lo inhibe una causa exterior.

—Nada habrá que te impida practicar la justicia, la templanza, la prudencia.

—Tal vez se opondrá otra cosa a mi facultad operativa.

—Acaso: pero gracias a la resignación ante el obstáculo mismo, y a la sabia adhesión a lo que se presentare, se substituirá al instante otra acción que cuadre mejor al buen orden de vida de que antes hablamos.

Meditaciones, Libro VIII

La dicha y **la sabiduría**

Sobre la felicidad

La médula de la ética estoica afirma que el bien anida en el estado del alma misma, en la sabiduría y el control de uno mismo. La sabiduría implica hacer uso de la lógica y comprender los procesos de la naturaleza, es decir, el *logos* o razón universal, inherente a todas las cosas. Sin embargo, cuando hay fisuras en el proceso de raciocinio, la pasión (*pathos*) se presenta en la mente como una fuerza perturbadora que confunde el buen juicio.

Para demostrar que las pasiones no son naturales, el ideal estoico calibra las cosas en su justa medida mediante la razón. La virtud, recordemos, es el único bien y su opuesto, el vicio, el único mal. Estar libre de pasiones —como el miedo o la ira— permitiría, pues, una felicidad sin condicionantes: no habría nada que temer, porque la sinrazón es el único mal, y no habría motivo para la ira, porque las acciones de los demás no nos afectan.

Los estoicos, en particular los romanos, cultivaron la resignación o aceptación del destino que unce cualquier acontecimiento al yugo

de la existencia. Séneca y Epicteto aseguran que la virtud es suficiente para alcanzar la felicidad, de ahí que un sabio sea resiliente, como se diría hoy, al infortunio.

Finalmente, la virtud desemboca en la sabiduría. Estar en posesión de la verdad, ese estado del alma donde reposan la sabiduría y la prudencia, ese lugar adonde el sabio ha llegado mediante el ejercicio constante y diario de la virtud, de la razón y de la firmeza de sus juicios, es garantía de felicidad, de *eudaimonia*. Tal es el término con que Aristóteles definió el bien humano supremo, palabra que nosotros traducimos como «felicidad». El Estagirita coincidía con los estoicos cuando afirmaba que esta es una actividad del alma racional coaligada con la virtud. Los seres humanos deben tener una función, única en las personas y diferenciada del resto de los seres vivos, y no hay otra facultad propiamente humana que la razón. De este modo, el bien humano supremo debe estar necesariamente regido por el *logos*.

El estoicismo romano, en coincidencia con lo promulgado por los estoicos antiguos, propugnaba que el propósito de la vida de una persona es la felicidad, al alcance de cualquiera que aplique el concepto de la *homología*, es decir, seguir con toda intención el curso de lo natural, practicar un buen vivir de acuerdo con la razón y en armonía con el cosmos del que todos formamos parte.

Según Cleantes (ss. IV-III a.C.), uno de los tres maestros de la *stoa* antigua, el individuo que carece de la virtud estoica es como un perro atado a un carro, obligado a ir adonde este le conduzca. Un sabio virtuoso, por el contrario, modifica su voluntad para adaptarla al mundo y permanecer, según Epicteto, enfermo y aun así feliz, en peligro y aun así feliz, exiliado y aun así feliz, en desgracia y aun así feliz, postulando una voluntad completamente autónoma frente a un universo determinista.

Más tarde, Séneca (s. I) remataría magistralmente el asunto recordando la enseñanza de Demócrito: «El hombre más feliz es aquel que no necesita la felicidad».

CICERÓN

Me pregunto, sin embargo, cuál es la razón de que yo o cualquiera de vosotros, senadores, haya de temer malas leyes cuando contamos con unos tribunos de la plebe que son hombres de bien. Tenemos a estos dispuestos a emitir su veto, a los augures dispuestos a defender la República, oponiendo que los presagios son adversos. Debemos estar libres de todo temor. «¿De que vetos me hablas?», dice, «¿de qué presagios?». Naturalmente, de estos en los que se asienta el bienestar de la República.

Primera Filípica de Marco Tulio Cicerón contra Marco Antonio

Pues estoy convencido de que vosotros, hombres ilustres por vuestro nacimiento, al esperar algo grande, no ambicionáis riquezas, como algunos creen con excesiva simpleza, pues estas siempre han sido despreciadas por los espíritus más insignes y excelentes, ni una posición de preeminencia adquirida con violencias, ni un poder ilegítimo insoportable para el pueblo romano, sino el amor de vuestros conciudadanos y la gloria. Y la gloria es la alabanza que se merece por las rectas acciones en favor del Estado y los grandes servicios prestados a este, cuando es aprobada públicamente no solo por el parecer de todos y cada uno de los principales ciudadanos, sino también por el de la multitud en su conjunto. Expondría, Dolabela, cuál es el fruto que se obtiene por estas rectas acciones si no supiese que tú, por encima de los demás, has conocido este durante algún tiempo. ¿Qué día más alegre puedes recordar que haya resplandecido en tu vida que aquel en el que, tras haber purificado el foro, disuelto la muchedumbre de los sacrílegos, castigado a los cabecillas de los crímenes, y liberado Roma de las llamas y del temor de una matanza, te retiraste a tu casa?

Primera Filípica de Marco Tulio Cicerón contra Marco Antonio

¿Y tú, por tu parte, M. Antonio —sí, aun ausente lo interpelo—, no antepones aquel solo día en el que el Senado se reunió en el templo de la diosa Tierra a todos estos meses en los que algunos, con una opinión muy distinta de la mía, piensan que has sido feliz? ¡Qué discurso el tuyo sobre la concordia! ¡De qué gran miedo se vio libre el Senado gracias a ti y a tu colega!, ¡de qué gran inquietud, los ciudadanos! Dejando a un lado los odios personales y olvidándote de los auspicios anunciados por ti mismo en tu calidad de augur del pueblo romano, por primera vez quisiste en aquel día tener un colega, ¡y tu propio hijo pequeño, hecho ir por ti al Capitolio, fue la garantía de la paz! ¿Estuvo alguna vez el Senado más alegre que aquel día? ¿Lo estuvo el pueblo romano? Ciertamente, este no acudió nunca en mayor número a una asamblea popular. Nos parecía entonces haber recobrado por fin nuestra libertad gracias a unos hombres valerosísimos, pues, como ellos habían querido, la paz seguía a la libertad.

Primera Filípica de Marco Tulio Cicerón contra Marco Antonio

Me has reprobado mi presencia en el campamento de Pompeyo y mi comportamiento durante toda aquella época. Como ya he dicho, si en aquella época hubiesen prevalecido mi parecer y mi autoridad, tú estarías hoy arruinado, nosotros seríamos libres y la República no se habría visto privada de tantos generales y de tantos ejércitos. Confieso, ciertamente, que, cuando preví que ocurriría lo que efectivamente luego ocurrió, me vi embargado por una enorme tristeza, la misma que habría experimentado el resto de la gente de bien si hubiese visto con tanta antelación como yo lo que iba a ocurrir. Me dolía, me dolía, senadores, el que la República, salvada en el pasado por vuestra previsión y la mía, fuese a perecer en breve. Pero no era yo tan poco cultivado ni tan desconocedor del destino de los hombres como para sentirme atribulado por el ansia de vivir una vida que, de conservarla, me entregaría a todo tipo de angustias, y que, de perderla, me liberaría de todas las preocupaciones. Quería tan solo que viviesen esos excelentes varones, el esplendor de la República: tantos antiguos cónsules, tantos antiguos pretores, tantos rectísimos senadores; y además de ellos, la flor entera de nuestra nobleza y de nuestra juventud, y, en fin, esos ejércitos formados por los mejores de nuestros conciudadanos. Si estos viviesen, aun a costa de una paz que hubiésemos tenido que aceptar bajo injustas condiciones —pues, en efecto, cualquier paz me parecía preferible a una guerra civil entre conciudadanos—, hoy disfrutaríamos de nuestra República. Si este parecer hubiese prevalecido y aquellos por cuya vida yo miraba no se hubiesen opuesto radicalmente a él, dejándose llevar en ello por la esperanza de la victoria, para dejar a un lado sus otros intereses, puedo afirmar que de ningún modo habrías continuado acudiendo a este estamento, que de ningún modo habrías podido permanecer en nuestra ciudad de Roma. Pero mis propias palabras —dices— me enajenaban el afecto de Pompeyo. ¿Acaso amó, por el contrario, aquel gran hombre a alguien más que a mí? ¿Con alguien tuvo conversaciones con mayor frecuencia o de alguien solicitó más insistentemente el consejo? Y lo

más admirable es que, pese a disentir sobre los principales asuntos del Estado, conservábamos intacta nuestra antigua amistad. Yo me daba cuenta en todo momento de cuáles eran los sentimientos y las esperanzas de ese gran hombre, y a él le ocurría lo mismo en relación conmigo. Yo miraba en primer lugar por la salvación de todos los ciudadanos para poder mirar después por que disfrutasen de la posición que les correspondía; él, sin embargo, atendía antes a que no se menoscabase el prestigio que cada uno había alcanzado en su vida. Así, como cada uno de nosotros dos perseguía un propósito distinto, nuestro desacuerdo era más fácil de sobrellevar. Por lo demás, qué opinión tuvo de mí ese varón extraordinario y casi divino, lo saben los que lo acompañaron en su huida desde Farsalia a Pafos. Nunca se refirió a mí de otro modo que no fuese con palabras llenas de respeto y entre los lamentos más cariñosos, cuando confesó que yo había sido más perspicaz, que él había confiado en que todo saldría mejor. ¿Y tú tienes el descaro de atacarme invocando el nombre de un varón del que has de reconocer que yo fui amigo y tú el comprador de sus bienes? Pero dejemos a un lado esa guerra en la que tú te mostraste excesivamente afortunado. Y no he de responderte a propósito de esas gracias que has dicho que yo hacía en el campamento de Pompeyo. Ese campamento estaba cargado de inquietud, y, sin embargo, los hombres, incluso en medio de las situaciones más angustiosas, en la medida en que son humanos, sienten a veces la necesidad de relajarse un poco. Por lo demás, el hecho de que la misma persona me censure tanto por mi tristeza como por mis bromas es la mejor prueba de que en una y otra ocasión me comporté como un hombre juicioso.

Segunda Filípica de Marco Tulio Cicerón contra Marco Antonio

SÉNECA

Todos los hombres, Galión hermano, quieren felizmente vivir, pero para barruntar qué sea lo que hace bienaventurada la vida andan a ciegas. De tal manera no es cosa fácil conseguir una vida bienaventurada que cuanto con mayor afán se va a ella más de ella se alonga, si se equivocó el camino; el cual, si va en sentido inverso, la misma velocidad es causa de mayor alejamiento. Así que lo primero que hay que determinar es qué deseamos, y luego determinar en derredor por qué camino podemos ir allá con la mayor celeridad. Camino avante, si fuere derechero, entenderemos cuánto hemos avanzado cada día y cuánto más cerca estamos del término del viaje a que el deseo natural nos impele y aguija. Mientras arreo divagaremos, no siguiendo a un guía, sino la baraúnda y disonante vocería que nos llama en diversas direcciones, malograremos nuestra corta vida en desavíos, aunque de día y de noche nos afanemos por mejorar nuestra alma. Decidamos, pues, nuestra orientación y nuestro camino, no sin la dirección de algún experto que hubiere explorado los parajes por donde anduviéremos, porque no es esta jornada de la misma condición que las otras: en estas, la vereda que se emprendió y los naturales del país a quienes se interrogue no consienten el descamino; pero en aquella la senda más trillada y más concurrida es la que engaña más. Nada, pues, hemos de procurar tanto como no seguir, a guisa de carneros, la manada de los que nos preceden, yendo no allá donde se ha de ir, sino adonde va todo el mundo. Y no hay cosa alguna que nos implique en mayores males que el de acomodarnos al qué dirán de la gente, creyendo que es mejor aquello que acepta el consenso general y de lo cual se nos ofrecen copiosos ejemplos. Así que nuestra vida se rige no por la razón sino por el remedo. De ahí proviene ese gran tropel de hombres que se precipitan los unos encima de los otros. Aquello mismo que acontece en una gran catástrofe humana, cuando la multitud, presa de pánico, se empuja a sí misma, y nadie cae sin que provoque la caída de otro, y los primeros causan la muerte a los que los siguen; observarás que sucede esto mismo a lo largo de toda la vida; nadie se descarría solo, sino que es causa y autor del descarrío de otro; pues tiene sus peligros pegarse a los que van caminando delante, y como cada cual prefiere creer que juzgar, jamás se juzga de la vida, sino que siempre se da crédito a los otros; y el error transmitido de uno en otro nos hace vacilar y caer. Perecemos por el ejemplo ajeno; nos curaremos si nos separamos de la multitud.

De la vida feliz, I

Al tratarse de la vida bienaventurada no has de responderme como es costumbre en las elecciones: «Este partido parece tener la mayoría», porque cabalmente por eso es el peor. No van tan bien las cosas humanas que lo mejor contente a los más. El voto de la turba es argumento de cosa pésima. Busquemos, pues, lo que es mejor que se haga, no lo que es más socorrido y usual, y qué es lo que nos pone en posesión de la felicidad eterna y no lo que aprueba el vulgo, pésimo intérprete de la verdad. Entre el vulgo incluyo yo a los que llevan clámide o corona, porque no miro yo el color de los vestidos con que se cubren los cuerpos; no me fío de mis ojos al juzgar al hombre; tengo una lumbre mejor y más certera para discernir lo verdadero de lo falso; el bien del alma, hállele el alma. Si alguna vez le huelga respirar y refugiarse dentro de sí misma, entonces, torturada por ella misma, confesará la verdad y dirá: «Todo lo que hice hasta ahora prefiriera que no fuese hecho; cuando recuerdo lo que dije tengo envidia de los mudos; todo lo que deseé lo reputó como maldición de enemigo; todo lo que temí, cómo era, ¡oh, cielos!, menos temeroso que lo que deseé. Enemistado con muchos y vuelto del odio a la benevolencia (si benevolencia alguna puede haber entre los malos), todavía no soy amigo de mí mismo. Puse todo mi afán en segregarme de la multitud y distinguirme por alguna buena cualidad; ¿y qué otra cosa alcancé sin exponerme a los tiros y descubrir a la malevolencia sitio en donde morder? ¿Ves a esos que encarecen la elocuencia, que van en pos de las riquezas, que adulan la popularidad, que ensalzan el poder? Todos ellos o son enemigos o, lo que es igual, pueden serlo. Tan grande como la turba de los admiradores es la turba de los envidiosos. ¿Por qué, con mejor acuerdo, no busco para practicar algo cuya bondad yo sienta, no que haga de ella ostentación? Esas cosas tan admiradas, esas cosas ante las cuales la gente se detiene, que el uno enseña al otro con estupor, brillan por fuera; mas, en su interior, son viles y gusanientas».

De la vida feliz, II

La felicidad se ha de defender con otra felicidad, y hay que hacer votos por los votos que ya se cumplieron. Pues todo aquello que viene por azar es inestable, y cuanto más se encumbró más propenso está a la caída. Nadie hay que se contente de aquello que ha de caer; misérrima tiene que ser a la fuerza, y no efímera solamente, la vida de aquellos que con gran trabajo acarrean lo que han de poseer con otro mayor. Con afán consiguen lo que quieren; y poseen lo que tienen con zozobra. Ningún caudal ya se hace del tiempo que no ha de volver; ocupaciones nuevas sustituyen a las viejas; una esperanza aviva otra esperanza; una ambición, otra ambición. No se busca el fin de las malandanzas, sino que se muda su objeto.

De la brevedad de la vida, XVII

Harto sé, mi caro Lucilio, que es evidente para ti que nadie puede llevar una vida feliz y ni siquiera soportable sin la pasión de la sabiduría; y que la vida bienaventurada es fruto de la perfecta sabiduría; y la vida tolerable es hija de la sabiduría incoada. Pero a esta evidencia hay que afirmarla; y arraigarla cada día más profundamente, pues es tarea más difícil llevar a la práctica los propósitos que concebirlos. Hay que tener perseverancia y acrecentar la robustez con un trabajo asiduo hasta que la bondad del alma iguale la bondad de la voluntad. Así que no es menester que me lo certifiques con más palabras y más luengas razones: bien veo tus muchos aprovechamientos, sé qué es lo que inspira tus escritos; lo que me dices no es ni fingido ni afeitado. No obstante, he de decirte lo que siento; me inspiras esperanza pero no todavía confianza. Esto mismo quiero que hagas tú; no tienes por qué creer ni pronta ni fácilmente. Examínate tú mismo y obsérvate por todos lados, y antes que todo mira si es en la filosofía que progresaste o es en la vida. La filosofía no es un señuelo para deslumbrar al pueblo, ni es propia para la ostentación; no consiste en palabras, sino en obras. No tiene tampoco por objeto pasar el día con un apacible entretenimiento para quitar su náusea a la ociosidad: ella forma y modela el alma, ordena la vida, gobierna los actos, muestra lo que debe hacerse y lo que debe omitirse, está sentada al timón, y dirige la rota entre las dudas y las fluctuaciones de la vida. Sin ella, nadie puede vivir exento de temores; nadie puede vivir con seguridad; a cada hora acaecen accidentes innumerables que reclaman un consejo que solo a ella debe pedirse.

Cartas a Lucilio, carta XVI

EPICTETO

Recuerda que el verdadero anuncio de lo que se desea es la consecución real de lo deseado; y el de la aversión, no caer en aquello de lo que se huye. Quien no logra su deseo es desafortunado; quien cae en lo que procura evitar es infeliz. Si huyes, pues, solo de las cosas indeseables que dependen de tu arbitrio, no caerás en ninguna de las que quieres evitar. Pero, si pretendes huir de las enfermedades, de la muerte, de la pobreza, serás infeliz.

Manual de vida, 6

Si quieres progresar, olvídate de los siguientes pensamientos: «Si descuido mis cosas, no tendré qué comer». «Si no castigo a mi sirviente, será malo». Mejor es morir de hambre, libre de aflicción y miedo que vivir entre abundancia con el ánimo turbado. Mejor es que tu sirviente sea malo que tú infeliz.

Manual de vida, 16

Cuando veas que alguno llora la ausencia de un hijo, o la pérdida de bienes, procura que aquello no te induzca a creer que esa persona padece por cosas externas: antes debes distinguir contigo mismo, y decir sin tardanza, que a tal persona no le aflige aquel suceso (pues a otro no le aflige), sino la aprehensión o la opinión que se ha formado de él. Así pues, no dejes de socorrerlo con tus consejos, ni de acompañarlo con el llanto si así la suerte lo dispone, pero vigila que tu llanto sea solo externo.

Manual de vida, 22

Si el cuervo grazna ominoso, que no te conmueva su agüero. Di luego: «Nada anuncia contra mí, sino solo contra mi cuerpo, contra mis haberes, contra mi opinión, contra mis hijos, contra mi mujer. Para mí, todos los agüeros serán alegres si yo quiero, pues de cualquier cosa que suceda puedo sacar provecho».

Manual de vida, 24

Si vieras a alguien entre honores, poder, o de cualquier otro modo engrandecido, guárdate bien de, confundido por las apariencias, llamarlo feliz. Porque, si la esencia de la tranquilidad reside en las cosas sujetas a nuestro arbitrio, ahí no tendrán cabida la envidia ni la emulación. Así pues, no desees ser general de tropas, senador ni cónsul, sino libre. Para esto no hay más que un camino, que es el de desestimar las cosas que no está en nuestra mano conseguir.

Manual de vida, 26

Es señal de demencia ocuparse demasiado en cosas del cuerpo, como el sobrado ejercicio, el exceso de comida y bebida, la excesiva evacuación de vientre, copular en demasía. Estas cosas se han de tomar como de pasada y poner toda la atención en las del ánimo.

Manual de vida, 63

MARCO AURELIO

Si ejecutas la acción presente siguiendo la recta razón, celosamente, con firmeza, benevolencia y sin preocupación superflua, antes bien, conservando tu genio constantemente puro, como si debieras restituirlo al punto; si añadieres la condición de no esperar nada ni nada evitar, dándote por satisfecho con el trabajo presente conforme a la naturaleza y, en cuanto digas o propongas, con una sinceridad heroica, vivirás feliz. Y nadie podrá impedírtelo.

Meditaciones, Libro I

No es fácil tropezar con un hombre que sea desgraciado por dejar de entrometerse en lo que ocurre en el alma de los demás. Pero los que no escudriñan los movimientos de su propia alma, fuerza es que sean desgraciados.

Meditaciones, Libro II

Puedes encauzar felizmente tu vida si sabes proceder con rectitud, si sabes pensar y obrar según razón. He ahí dos facultades comunes al alma de Dios y a la del hombre y a la de todo ser racional: la una, el no poder ser obstaculizado por otro alguno; la otra, el cifrar todo su bien en las aptitudes y la conducta conformes a la justicia, ciñendo a esto solo el deseo.

Meditaciones, Libro V

No te dejes sorprender, en su conjunto, por la imaginación. Ayuda a los necesitados según tus posibles y según su mérito; y aunque veas que padezcan mengua en esas cosas accidentales, no te imagines que haya en ello daño alguno, que es esto una mala costumbre. Haz como aquel viejo, que al despedirse pedía la peonza de su discípulo, sin perder de vista que se trataba de un objeto pueril. Así, también, compórtate en el caso presente. Y cuando te hallas perorando desde la magnífica tribuna, dime, pobre hombre, ¿has olvidado que eso no es más que declamación?

—¡Pero los hombres tienen tanto apego a la declamación! —replicas.

—Y por ello ¿tú también has de enloquecer, como ellos? Otras veces, en ciertos instantes de los que me sorprendo, fui dichoso.

—Pero el hombre feliz es el que labra una buena fortuna; y una buena fortuna no consiste en otra cosa que en las buenas inclinaciones del alma, los buenos deseos y las buenas acciones.

Meditaciones, Libro V

El que es ambicioso de gloria hace consistir la propia felicidad en la actividad ajena; el voluptuoso, en el goce de sus pasiones; el cuerdo, en su propio proceder.

Meditaciones, Libro VI

La naturaleza no te fundió tan íntimamente con el compuesto que te integra, que no te fuese lícito contenerte dentro de ciertos límites y hacer pender de tu arbitrio lo que te es propio. Es posible que uno, cultivándose hondamente, llegue a hacerse un hombre en sí divino, desconocido de todos. Acuérdate de esto, y también de que la felicidad en la vida depende de muy pocas cosas. No porque desconfíes de triunfar en la dialéctica o en el estudio de la naturaleza debes renunciar por esto a la esperanza de llegar a ser libre, modesto, sociable, obediente a Dios.

Meditaciones, Libro VII

Ahora bien, si realmente ves cómo se plantea esta cuestión, no te preocupes de lo que pensarán de ti. Conténtate con que vivas el tiempo que te queda, sea de la duración que fuere, según te dicte tu naturaleza. Considera lo que ella exige y no te distraiga otro cuidado. Has aprendido, en cuantas cosas anduviste errado, que en ninguna parte se halla la felicidad, ni en los silogismos, ni en la riqueza, ni en la gloria, ni en el placer, ni en parte alguna. Pues entonces ¿en qué consiste? En hacer lo que exige la naturaleza humana. ¿Y cómo se logrará? Poseyendo principios que regulen los instintos y los actos. ¿Y cuáles son estos principios? Los que deciden del bien y del mal, de modo que no se repute por bien del hombre lo que no le hace justo, moderado, decidido e independiente, ni por mal lo que no le causa efectos opuestos.

Meditaciones, Libro VIII

Todo ser natural se contenta con seguir prósperamente su camino. Pero la naturaleza racional solo lo sigue felizmente cuando no asiente a ninguna idea falsa o dudosa; cuando encamina sus instintos únicamente a las acciones útiles a la colectividad; cuando se rige solo

por su arbitrio en sus deseos o en sus aversiones, y acepta de buena gana todo lo que le depare la común naturaleza. Pues es ella una parte de esta, como la naturaleza de la hoja es una parte de la naturaleza del árbol, solo con la diferencia que aquí la naturaleza de la hoja es parte de una naturaleza insensible, irracional y susceptible de ser estorbada en sus operaciones. Al contrario, la naturaleza del hombre forma parte de una naturaleza libre, intelectiva y justa, pues distribuye equitativamente a cada uno de los seres, en proporción a su merecimiento, el tiempo, la sustancia, la causa, la energía, el accidente. Advierte empero que no encontrarás la equivalencia en todos los casos si comparas separadamente una unidad con otra unidad, pero sí cotejando globalmente el conjunto de una especie con el conjunto de otra.

Meditaciones, Libro VIII

Sufre el trabajo, sin creer que por ello seas infeliz, ni pretender que así te compadezcan o admiren; antes bien, ciñe tu voluntad a mover tu acción o a pararla según lo exija la razón del bien público.

Meditaciones, Libro IX

Dice Epicuro: «Durante mi enfermedad, mis pláticas no versaban sobre mis sufrimientos físicos, y con mis visitantes —afirma— no trataba esta clase de asuntos; sino que continuaba estudiando las cuestiones naturales que anteriormente me tenían ocupado, y me dedicaba particularmente a ver cómo la inteligencia, aunque participando en estos movimientos que afectan al cuerpo, permanecía imperturbable, atendiendo a su propio bien. No me preocupaba —asegura— que blasonaran los médicos de su pretendido poder, y así mi vida transcurría feliz y dignamente». Haz, pues, como él durante la enfermedad si enfermares, y en toda otra contingencia de la vida. Porque el no separarse de la filosofía en cualquier posible suceso, y no argumentar fútilmente con el profano cuando uno se consagra a la ciencia de la naturaleza, es precepto común a toda secta filosófica, lo mismo que el de consagrarse solo a lo que presentemente se hiciere y al instrumento de que se valiere uno para ejecutarlo.

Meditaciones, Libro IX

Acordándome, pues, de que soy una parte de un tal universo, aceptaré gustoso todo lo que suceda. Y en cuanto me considero en estrecha relación con las otras partes que son de mi mismo linaje, no ejecutaré nada contrario a la colectividad; antes bien, miraré por mis semejantes, dirigiré todos mis esfuerzos hacia lo que conduce al bien común, y me retraeré de lo que se oponga a este fin. Obrando fielmente así, fuerza será que mi vida tenga un curso feliz; no de otro modo te imaginarías la próspera vida de un ciudadano que se anticipase a ejecutar las acciones convenientes a sus conciudadanos y aceptase de grado la parte que le destinare la ciudad.

Meditaciones, Libro X

El alma tiene en su mano el poder vivir una vida perfectamente feliz si permanece indiferente acerca de las cosas indiferentes. Y se portará con indiferencia si considerare cada una de ellas ya por partes, ya en general, y se acordare que ninguna nos insta a formar juicio sobre ella, ni menos nos sale al encuentro, sino que permanece queda, siendo en realidad nosotros los que formamos los juicios acerca de ellas y las grabamos, por decirlo así, en nuestra alma, pudiendo no solo no grabarlas, sino también, de ocultarse alguna, borrarla inmediatamente. Ten presente, además, que estas cuitas durarán poco y que muy en breve cesarás de vivir. ¿Y qué hay de desagradable en que esto sea así? Si ello es conforme con la naturaleza, acéptalo alegremente y se te hará fácilmente llevadero. Si es contrario a la naturaleza, examina lo que te corresponde según tu propia naturaleza y corre tras ello, aun cuando no fuese de mucho honor; que el perdón es concedido a quien busca su propio bien.

Meditaciones, Libro XI